Шимон Гарбер

ЗЕМЛЯ ОБЕТОВАННАЯ

РОЖДЕННЫЕ БЫТЬ МИГРАНТАМИ

Publishing by Newcomers
Authors Publishing Group
2018

Книги Шимона Гарбера

- Immigrants vol I
- Иммигранты том 1
- Иммигранты том 2
- Иммигранты том 3

Capital of Immigrants (English edition; paperback or eBook)
Столица иммигрантов
Новые американцы
Люди и судьбы

Сборники рассказов

- Adam travels vol I   30 years after (English edition; paperback or eBook)
- Путешествия Адама том 1   30 лет спустя
- Путешествия Адама том 2   От Ниццы до Чикаго
- Путешествия Адама том 3   От Эльбы до Франкфурта

Издание второе
2019

ШИМОН ГАРБЕР

ЗЕМЛЯ ОБЕТОВАННАЯ

РОЖДЕННЫЕ БЫТЬ МИГРАНТАМИ

Сборник рассказов

Редактор: Анн Пелан
Корректор: Кити Клан
Компьютерный дизайн: Владимир Белинкер
Copyright © 2018 Shimon Garber
Publishing by Newcomers Authors Publishing Group
ISBN-13: 978-1732823280

ОГЛАВЛЕНИЕ:

АННОТАЦИЯ.. 7
СТАРИК 9
Сервис по-израильски... 15
Эйлат... 25
Свадьба №1.. 49
Тверия... 55
Книжная ярмарка.. 75
На поверхности Мертвого Моря................................ 99
Еврейское счастье... 113
ИМКЯ.. 117
Свадьба №2.. 145
Свадьба №3.. 155
Холон 169
Кейсария-Цезария... 191
Земля обетованная.. 215

ИЗРАИЛЮ — 70 ЛЕТ

Шимон Гарбер

Аннотация

Дорогой друг!!!

Спасибо за то, что ты открыл эту книжку. Она посвяшена семидесятилетию современного государства Израиль.

Вместе с героями рассказов, ты сможешь окунуться в три разных моря, побывать на трёх различных свадьбах и поприсутствовать на стариннейшей традиции иудейского народа, обрезании младенца мужского пола.

Мы вместе посетим города: Иерусалим, Тверию, Кейсарию, отведаем национальные блюда и познакомимся с своеобразными, и не всегда простыми, взаимоотношениями столь разных людей, собравшихся практически со всех концов нашей планеты.

Последняя глава этой книги–эссе автора, это размышления о более чем непростой судьбе народа, населяющего эту страну сегодня.

Шимон Гарбер

Земля Обетованная

Шимон Гарбер

Памяти Э. Хемингуэя

СТАРИК

Он был очень старым. Никто уж и не помнил, сколько ему лет и как его зовут. Некому было помнить... он пережил всех, с кем когда-то дружил.

Прежде их было четверо, тех, кто переехал в Израиль из разных уголков Советского Союза в 90-х годах. Большинство эмигрировали сюда с семьями, с детьми. А потом дети разъехались: кто в США, кто в Канаду, а кто и просто в другой израильский город. И лишь изредка они писали в родной дом короткие письма о непростой жизни в иммиграции. Они звали стариков-отцов к себе, но те, настолько устали от переездов, необходимости привыкать к новым местам, да и от возраста, что не хотели срываться и ехать куда бы то ни было. Не было ни малейшего желания начинать жизнь с начала. Дали бы просто спокойно дожить те несколько лет, которые им отпущены.

Если погода располагала, то все четверо друзей собирались на скамейке около дома и ждали появления почтальона. Так уж повелось. Троим из них письма изредка, но приходили. Они радовались весточкам от родных и читали вслух друг другу эти послания. Четвертому старику никто писем не слал. Полученная почта была исключительным событием, а в остальное время, сидя на лавочке, они обычно молчали.

Земля Обетованная

Да и о чем говорить после стольких лет дружбы? Они знали все друг о друге. Даже болячки обсуждать давно стало скучно и неинтересно. У всех, кроме четвертого старика, был типичный набор проблем, связанных с возрастом.

Наш старик тоже был дряхл, но редко ходил по врачам. Возможно, потому и задержался на этом свете дольше товарищей. Они ушли, один за другим. И он, проводив их в последний путь, остался совсем один. Днем смотрел телевизор, а то и просто — в окно. Хотя глядеть там особо было не на что. Тихая, спокойная улочка в маленьком городишке, затерянном в горах на севере страны. И хотя народу за последние годы прибавилось, и городок разросся с десяти до пятидесяти тысяч жителей, это никак не сказалось на его существовании. В основном здесь селились русские эмигранты. Поэтому повсюду были русские магазины, русская речь, а телевидение транслировало русские программы. Это было в порядке вещей: многие выходцы из России, прожившие тут не один десяток лет, так и не смогли освоить местный язык - иврит.

Молодежи почти не было, так как в городке не хватало работы. И отслужив в армии, повзрослевшие дети уезжали туда, где можно трудоустроиться и зарабатывать приличные деньги. Зато было много синагог, которые посещали в основном коренные жители. Бывшие же россияне, равнодушные к любой религии, не ходили никуда. Впрочем, и к верующим, и к безбожникам отношение было ровное: ни те, ни другие не выпячивали свое мировоззрение, каждый жил своей жизнью, почти не пересекаясь и не требуя особого отношения к себе.

Старик частенько разговаривал сам с собой. И иногда — с Богом, в существовании которого до сих пор сомневался. Хотя в его возрасте даже рьяные атеисты уже начинали верить — на всякий случай. Вопрос, который старик задавал Богу, был простым и всегда один и тот же:

— Почему ты забыл про меня? Ты забрал всех, кого я знал. Ну так и меня забери. Пора ведь уже… пожалуйста, вспомни обо мне.

Старик не жаловался ему, он лишь просил. Но Бог словно не слышал его. Тогда он совсем перестал ходить к врачам, принимать лекарства и просто ждал смерти. Но и она, казалось, забыла про него. Иногда он просыпался ночью и лежал с открытыми глазами до самого утра. А потом солнце заглядывало в окно и напоминало, что надо встать и прожить еще один день.

И тогда старик роптал на Бога: "Ты хоть скажи — за что? Да, я не был святым в этой жизни, что правда, то правда. Но ведь многие грешили больше меня, а ты их давно забрал. А может, тебя, Господь, просто нет?"

И подумав так, он пугался своих мыслей и просил прощения за святотатство: "Наверное, за это я и наказан. За сомнения в могуществе Твоём."

Он раскаивался, но рано или поздно сомнения приходили вновь. Жизнь текла медленно, однообразно, серо. Раз в месяц старик выбирался в центр города, в банк — за пособием по старости. По заведенному порядку после банка он шел на почту, оплачивал счета за квартиру, электроэнергию и прочее. А остальные деньги распределял на месяц вперед. Дважды в неделю он выходил из дома; один раз за продуктами в магазин, второй — на рынок. Фермерские торги проводились каждые семь дней, и если прийти к закрытию, ближе к обеду, то можно было купить все необходимое по более низким ценам. Что и понятно; продавцы хотели избавиться от привезенного товара, потому согласны были сбыть его подешевле. Овощами и фруктами торговали молодые арабы, а покупателями были в основном пожилые русские. И хотя общались они между собой по большей части жестами, торговля шла бойко. Старик видел, как иногда кто-то из бедных пенсионеров незаметно брал с прилавка луковицу или яблоко. Он их понимал, но сам этого не делал. Арабы тоже порой замечали эти «кражи», но закрывали на это глаза. Их интерес был в другом: продать как можно больше. В Израиле принято покупать и продавать всё огромными порциями и партиями. И если, к примеру, берёшь пучок зелени, то этот пучок непременно толщиной с мужскую ногу. Старику столько не съесть и за две недели. И он всегда сопротивлялся, когда араб-продавец подбрасывал на весы ещё и ещё, якобы «для ровного счета».

Готовил еду старик сам, на два-три дня вперед. И обычно обходился непритязательным меню: жиденький суп да тушеные овощи. Аппетитом он не отличался, но есть было необходимо. К тому же обидно выбрасывать еду, за которую заплачены деньги.

Подошел день, когда пора было отправляться в магазин, чтобы пополнить запасы провизии. От мяса старик давно уже отказался, и только в день получения пособия по старости, позволял себе купить немного свежей рыбы. Но сегодня, до этого момента нужно было еще дожить несколько дней, поэтому поход в магазин был с почти пустым кошельком. Он хотел купить лишь самое необходимое, чтобы продержаться до получения пособия. Старик пересчитал оставшуюся мелочь, вздохнул и поволочил пустую сумку на колесиках в магазин. Он шаркал по знакомой дороге, размышляя все о том же и разговаривая с Богом: —Вот смотри, денег нет. Удовольствия от жизни нет. Смысла в ней — тоже нет. Зачем я тут нужен? Если ты есть, то забери меня. Подай хоть знак, что ты есть! Мне будет легче ждать...

Но безоблачное небо лишь палило землю жаркими лучами.

Шимон Гарбер

Перед входом в магазин стояла кем-то забытая продуктовая тележка, на ручке которой, как и положено, был монетоприемник. Нужно положить туда монетку в пять шекелей, отстегнуть тележку от общей цепи и катить себе к прилавкам. Чтобы получить монету назад, нужно отогнать тележку на «парковку», пристегнуть к цепи других тележек и забрать залог.

Эта тележка стояла в одиночестве, покинутая всеми. Старик повертел ее. Монетоприемник был закрыт, что означало: в нем лежит монета в пять шекелей. Старик помахал руками, пытаясь привлечь чье-нибудь внимание. На парковке было несколько машин, но никто не спешил к тележке.

— Видимо, человек перегрузил продукты в машину и уехал, забыв про залог. А может, так спешил, что ему не до пяти шекелей было. Всякое случается, — подумал старик. — А вдруг это Господь послал мне знак? Я же просил его об этом! Вот он, знак! Бог знает, что у меня нет денег, и послал пять шекелей. Спасибо тебе, Господи! Прости меня, дурака старого, за неверие… Ты помнишь, ты не забыл меня. Может, скоро пришлешь за мной…

Старику стало радостно и хорошо. Вновь появился смысл терпеть и ждать. Он, воодушевившись, взял тележку и набрал в магазине продуктов на всю мелочь, которая была в кармане. Рассчитавшись на кассе, он вышел на улицу, переложил нехитрую поклажу в сумку на колесиках и повез тележку к парковке, чтобы прикрепить её к другим и получить заветные пять шекелей. Но там его ждало горькое разочарование. Когда монетоприемник открылся, старик увидел в нем две мелкие монетки, достоинством в десять агорот. Они были старые, да еще сточенные — так, чтобы подошли к монетоприемнику.

— Почему ты смеёшься надо мной, Господь? Сначала дал надежду, и я воспрял духом, стал надеяться, что ты есть. Зачем же ты так. Или все-таки тебя нет? И насмехаешься не ты, а судьба-злодейка?

Земля Обетованная

Старик, чуть не плача от разочарования и горечи, поволок домой сумку с продуктами. Обратный путь шёл в гору. Жарко, пыльно, душно... и очень больно. Старик был обижен и почти оскорблён. Нет, не пять шекелей ему нужно — вера. Ему нужна вера! А Бог над ним, похоже, смеётся...

Вдруг впереди, в придорожной пыли что-то блеснуло. Старик нагнулся и подобрал новенькую, сверкающую монетку. Пять шекелей. Старик смотрел на неё с минуту, а потом поднял глаза к небу, улыбнулся и прошептал: — Спасибо, Господи, что ты есть...

Он возвращался домой счастливым. Он не забыт. За ним придут.

Шимон Гарбер

СЕРВИС ПО-ИЗРАИЛЬСКИ

Израиль — удивительная страна! Эдакое сочетание несочетающегося. Евреи и арабы. Религиозность и безбожие. Европа и Ближний Восток. Все смешалось, создав гремучий коктейль, который в любой момент взорвётся.

Иудеи ашкеназские и иудеи сефардские. Первые — выходцы из Центральной Европы, и потому, несмотря ни на что, их мировоззрение пронизано идеей свободы личности и европейской культуры.

Сефарды — потомки иудеев, изгнанные в свое время из Испании по указу королевы Изабеллы и короля Арагонского. Они расселились в мусульманских странах Ближнего и Среднего Востока и остались ближе по духу к народам, населявшим эти страны. Сефарды шумны, крикливы, агрессивны и очень религиозны. Их лидеры стремились к управлению Израильской страной и, надо сказать, преуспели в этом.

Адам переехал в Израиль несколько лет назад, и тому немало способствовали фантазии родом из детства. Еще ребёнком ему представлялось, что Израиль — это не просто Земля Обетованная, а удивительное, экзотическое место, которое пленяло его воображение и вызывало желание там побывать. А лучше — пожить.

Земля Обетованная

Действительность оказалась, конечно же, совсем другой. Первые пару лет после переезда Адам много путешествовал по стране. Что-то ему нравилось, что-то не очень. Но было нечто, от чего раздражение перерастало в негодование. Это манера общения израильтян, находящаяся на грани совершенной беспардонности и нахальства. Каждый и в любой ситуации был убежден, что он должен быть услышан первым. Никто и никогда не обращал внимания на очередь, на желания и заботы других. Чужие интересы никого не волновали. Все, настырно и настойчиво требовали решения собственных проблем, а остальной мир их не интересовал. Неудивительно, что выходцы из СССР, иммигрировавшие в Израиль и приученные бывшей Родиной к такому же жизненному кредо, быстро адаптировались здесь. Адам, с трудом выносил такое восточное, а лично для него хамское пренебрежение к другим. Но за все приходится платить. И терпеливое отношение к таким манерам стало своеобразной платой за возможность жить в свое удовольствие в Израиле. Ему ничего не оставалось, как смириться и постараться оградить себя от общения с этими людьми.

Он так и сделал, поселившись в тихом городке, где все друг друга знали и отношения были дружелюбными и ровными. Однако минус такого проживания заключался в том, что городок находился на приличном удалении от цивилизации. И скажем, если кто-то хотел каких-то развлечений, впечатлений или просто — качественного шопинга, то за этими радостями жизни приходилось ехать достаточно далеко.

И вот наступил как раз такой момент, когда у Адама назрела такая необходимость — нужно было купить новый телефон. Он давно «подсел» на продукцию фирмы, Эппл. Лет пять назад он приобрел свой первый в жизни айфон, но теперь пришла пора менять его. Тот устарел по всем параметрам.

В Израиле существовала компания, называвшая себя официальным представителем Эппл. По крайней мере в рекламе они гордо отрекомендовались именно так. Центральный офис находился в Тель-Авиве, еще два филиала — в Хайфе и Эйлате. Адам решил съездить в Хайфу, так как этот город был ближе к нему. Но перед этим подумал, что неплохо бы проконсультироваться со знающим человеком. Слава богу, в его окружении был такой специалист. Саша хорошо разбирался в компьютерах и вообще со всем, связанным с высокими технологиями.

— Саша, я решил прикупить новый айфон. Мой на ладан дышит. Ты в курсе, где в Хайфе находится магазин, Ай Диджитал?

— Конечно, знаю. А чего тебе приспичило именно у них-то покупать? Ты же часто летаешь за границу. Выгоднее купить такой телефон в дюти-фри.

— Да здесь, как я понял, сейчас рекламная акция проводится на модель "SE". Сдаешь старый аппарат и новый берешь за 1650 шекелей. По-моему, отличная скидка, учитывая, что без нее новый айфон стоит две с половиной тысячи. Экономия налицо.

— Что-то уж слишком хорошо, чтобы быть правдой... Адам, ты бы позвонил туда сначала и все выяснил. Больно похоже на рекламную разводку.

— За кого ты меня держишь? Конечно, я так и сделал. Правда, дозвонился только в центральное отделение Эппл, в Тель-Авиве. Оказывается, в их филиале в Хайфе нет телефона. Говорят, езжайте, на месте разберетесь. А что до акции, то подтвердили — проводится.

— Странно как-то. У компании, торгующей самыми современными телефонами, не своего телефонного номера...

— Вот и я подумал — глупость какая-то. Потому и решил с тобой посоветоваться.

— А что тут посоветуешь? Это, друг мой, называется бизнес

по-израильски. Они хотят, чтобы ты приехал. А там уж дело продавцов, какую лапшу тебе на уши навешать. Их задача — уговорить тебя купить телефон, пусть и совсем по другой цене.

— Но это же развод чистой воды. Заведомо ложная реклама. В Штатах, например, такие рекламные ловушки, являются подсудным делом.

— Но мы-то не в Штатах, а тут... в общем, подумай. Как добраться до их офиса я тебе расскажу, это не проблема. Но тащиться в такую даль ради айфона — сомнительное предприятие. Наверняка обман.

Но Адам все-таки решил поехать.

Он узнал от Саши, что «Ай Диджитал» располагался в большом торговом центре. В Америке такие большие торговые центры называют молами, а вот в Израиле, каньонами. Очень может быть, что в честь американского Гранд Каньона. Множественные каньоны разбросаны по всей стране: многоэтажные, с огромным количеством магазинов, офисов, развлекательных заведений и ресторанных двориков — они всегда полны народа. Когда попадаешь в такой каньон, начинает казаться, что люди вообще не работают, а в любое время дня и ночи предаются праздным развлечениям.

На следующий день рано утром Адам сидел в поезде и смотрел на проплывающий за окном пейзаж. Через полчаса он уже был в Хайфе. С одной стороны, поблескивало море, с другой — возвышались горы, будто обсыпанные красивыми белыми домиками. Вид открывался волшебный, но Адаму было не до любований красотами. Он волновался, сможет ли найти магазин, в который даже нельзя позвонить.

На выходе с перрона стояли турникеты. Пассажиры засовывали билеты в щель автомата с одной стороны, а тот пропуская их, выплёвывал проверенный билет, с другой стороны. Все попутчики Адама без проблем миновали турникеты. Но вот Адам автомату почему-то не понравился. Тот мигнул красным цветом и выплюнул билет обратно. Адам попробовал «накормить» его своим билетом ещё раз и ещё. Результат был таким же. За происходившим наблюдал человек в униформе, и Адам воззвал к нему:

— Любезный! Что с вашей техникой? Почему не работает?

— Покажите-ка ваш проездной… хм, ну идите так. Я вас пропущу.

— Нет, но почему? — возмущался Адам. — Можете объяснить?

— Слушай, мужик, ты уже прошел! Какие проблемы? — Вскинулся дежурный, и Адам решил, что продолжать дискуссию себе дороже.

Теперь надо было найти остановку автобуса, который доставит его в нужный каньон. Он спрашивал прохожих, и те махали руками и громко кричали, словно Адам был глухонемым и туповатым. Он благодарил за помощь, а про себя думал, что никогда не сможет привыкнуть к этим странным, грубоватым манерам израильтян. Наконец он вышел на центральную автобусную станцию, отловил человека в форме служащего автовокзала и объяснил, куда ему нужно попасть. Тот пробубнил, что Адаму нужен автобус, который следует маршрутом №104 и уходит с остановки №14… или наоборот? Адам переспросил, но тот в ответ лишь огрызнулся.

Когда Адам разыскал эту остановку, автобус как раз собирался отъезжать. За рулем сидел хмурый толстый дядька с пышной бородой.

Земля Обетованная

— Гранд Каньон? — спросил Адам.

Хмурый кивнул, забрал горсть мелочи и протянул ему билет. Адам еще раз громко уточнил:

— Гранд Каньон, — и для пущей убедительности ткнул себя пальцем в грудь.

Тот снова вяло кивнул, и автобус тронулся. Они ехали по подвесному шоссе, затем дорога пошла в гору и стала углубляться в ущелье. И вдруг на выезде из туннеля, Адам увидел большой торговый центр с английскими буквами на фронтоне: Гранд Каньон! Вот ведь! Он рванул к двери, боясь пропустить остановку, и поругался на водителя, который сидел с прежней философской миной, и было непохоже, что он собирался раскрыть рот и сообщить, какая будет следующая остановка. Адам выскочил из автобуса, и тот, чихнув облачком дыма, укатил.

Только теперь Адам понял, что стоял на шоссе, по которому в обе стороны неслись машины. Гранд Каньон находился через дорогу.

— И как прикажете оказаться на той стороне? Перехода не видно. Но как-то народ туда попадает?

Повертев головой, Адам заметил стайку людей, спускающихся куда-то вниз по лестнице. Похоже, там был «подземный лаз». Подойдя ближе, он увидел женщину, сидящую на стуле у лестницы, которая действительно вела под землю.

— Гранд Каньон? — задал он дежурный вопрос дня.

Женщина тут же оживилась и обрушила на Адама информационную волну, из которой Адам ничего не уловил. Но она упорно указывала вниз и убедительно махала руками. Ну ладно. Вниз так вниз.

Он спустился по ступенькам и оказался на большой парковке с множеством машин. Он прогулялся по гаражу туда-сюда пару раз, обошел его вдоль и поперёк, но кроме въезда и выезда для машин ничего не нашёл. Люди, приезжавшие на автомобилях, ставили их здесь и... шли к лестнице, по которой спустился Адам.

— Что за мышеловка? Выход-то где?

Он вернулся женщине на стуле, и та опять обрушила на него поток красноречия, явно предлагая снова спуститься вниз.

— Да был я там! Это гараж! А мне нужно в Гранд Каньон. Понимаешь?

И тут появилось спасение в лице молоденькой русскоговорящей мамочки с малышом в коляске. Она проходила мимо и случайно услышала мольбу Адама о помощи, обращенную явно не к тому, кто мог помочь.

— Мужчина, так вы к переходу ступайте. Он там, подальше, за поворотом шоссе.

Адам рассыпался в благодарностях и поспешил в указанном направлении. Вскоре действительно появился светофор, и он наконец-то пересек злополучную магистраль.

На входе в Гранд Каньон стояла привычная и неизбежная для Израиля охрана. Все покупатели и посетители обязательно проходили досмотр, а вещи и сумки проверялись с помощью металлоискателя. Адам благополучно миновал блокпост, поднялся на третий этаж и — о, чудо! Он увидел вывеску Ай Диджитал.

Большое светлое помещение магазина было заполнено стойками с различными аксессуарами от Эппл. Весь ассортимент технических чудес и новинок — только выбирай!

У одного из стендов сотрудница взахлеб рассказывала даме средних лет о достоинствах какого-то телефона. Адам сразу понял — это надолго. И продавщица, и покупательница принадлежали к породе женщин, которым приятен сам процесс разговора, уж неважно, о чем. Такие всегда удивительным образом находят предмет для общения.

В глубине магазина за стойкой сидел еще один сотрудник. Он казался щуплым и хрупким по сравнению с гигантом-клиентом, который навис над ним и громогласно выражал своё недовольство. Больше никого в магазине не было.

Адам отошёл к дальнему прилавку и решил подождать, пока «Голиаф» прокричится и уйдет. Но тот, судя по всему, только начал свое выступление, и его голос походил на громовые раскаты. Похоже, гроза только начиналась, и это были ее предвестники. Вскоре должно было последовать метание молний.

И точно, «Голиаф» возбужденно ходил взад-вперед, а потом стал кидался к витринам, пугая оробевшего парнишку за прилавком и размахивая огромными ручищами. Его мышцы и мускулы могли поспорить со Шварценегеровскими. Ноги-тумбы выглядели нелепо, торча из-под коротких летних шорт. Тонкая майка подчеркивала могучий торс и здоровенные плечи. А черная курчавая борода и серьга в ухе делали облик гиганта совсем уж по-киношному диким и гротескным.

Зазвонил телефон, и могучий бодибилдер переключился орать на кого-то в свой мобильный. Адам стоял в нерешительности. Худенький паренек-продавец — тоже. Они переглянулись. И казалось, оба понимали: надо что-то делать, но что? Говорить с разбушевавшейся гориллой никому не хотелось. Непохоже, что кто-то из них сможет достучаться до этой горы мышц.

Наконец Адаму все это надоело. Он решительно подошел к сотруднице и прервал ее увлекательную трескотню со второй дамочкой вопросом:

— У вас есть еще консультанты? Я уже двадцать минут жду, когда кто-то освободится!

Шимон Гарбер

Та недоуменно поморгала, а потом спешно ретировалась. И вскоре вернулась из подсобки, приведя еще одного сотрудника. Адам с облегчением выдохнул.

— Слава богу. Здравствуйте. Вы говорите по-английски или по-русски?

— Я говорю на обоих языках.

— Отлично, значит, вас-то я и ждал. — Адам рассказал ему, зачем пожаловал.

Мужчина внимательно выслушал и подтвердил:

— Да, у нас проводится рекламная акция, но сперва я должен посмотреть на ваш айфон.

— Пожалуйста, вот он. Целый и невредимый. Просто я хочу поменять его на новую модель.

— Я могу дать за ваш телефон сто тридцать пять шекелей.

— Не понял? Я что, должен купить новый «SE» за две с половиной тысячи, а вы просто вычтете из этой суммы сто тридцать пять шекелей?

— Совершенно верно. Ваш аппарат очень старый. Он не стоит больше.

— А может, мне купить новый айфон и обменять этот новый на другой новый?! Это же бред сивой кобылы. До вас не дозвониться, и я лично приперся из другого города — ради чего? Чтобы услышать, мол, это такой маркетинговый ход? На кого он рассчитан? На умственно отсталых?

— Стационарного телефона у нас действительно нет. Но вы же не могли рассчитывать, что мы купим ваше старье за восемьсот пятьдесят шекелей?

— Вы даете фальшивую рекламу и ложную информацию. Я подам на вас в суд, — пообещал Адам.

Земля Обетованная

— Да пожалуйста, подавайте, — пожал плечами тот. — Если располагаете временем и деньгами, судитесь, на здоровье.

Адам понял, что битва проиграна. Хотелось испепелить взглядом наглового продавца и его коллегу-пустомелю, которая по-прежнему коротала рабочий день за болтовней. Хилый паренек исчез из-за стойки, и лишь Голиаф продолжал рвать и метать. Он громогласно и разъяренно взывал к кому-то в телефонную трубу, время от времени рыча в сторону сотрудников Ай Диджитал. И теперь Адам был полностью на его стороне. Но понятно, что ни он, ни громила в летней майке не победят хамство и наглость, живущие в этой стране. Ничего не попишешь: вот такой он, сервис по-израильски...

Шимон Гарбер

Эйлат

День первый

На носу был сентябрь, а Стив все не мог решить куда поехать отдыхать. Не хотелось тратить много денег, но понятное желание провести время с удовольствием, чтоб было, о чем вспоминать. Вспомнил он товарища, который год назад переехал в Израиль. Созвонились. Тот предложил приехать к нему на недельку, покупаться в Средиземном Море, а затем на недельку махнуть в Эйлат, на Красное Море. На том и порешили! Встретил он Стива в аэропорту и отвез в небольшой северный городок, где жил сам, на берегу Средиземного Моря.

— Море у нас шикарное, теплое и пляж хороший, да и городок славный, курортный.

На следующий день они отправились в тур агентство.

— Да, есть Эйлат. Неделя, номер на одного, цена смешная. Отель рядом с пляжем, двухразовое питание. Экскурсии — это на месте. Автобус в 5:00 утра. Все, поздравляю. Через неделю будьте готовы.

Товарищ Стива даже позавидовал.

— Приедешь, все расскажешь, и я потом тоже махну. А то никак не соберусь.

В день назначенный, встали они в 4:00, чемодан собран, пришли к месту сбора заранее. Странно, но кроме них, никого. Подошёл большой комфортабельный автобус, водитель по-русски спросил фамилию, и все, никаких формальностей.

Земля Обетованная

— Вот красота, говорят на нашем языке.

У Стива, как у бывалого туриста, имелся джентльменский набор. Неплохой английский, 10 слов на немецком, и понятно родной, русский. С таким набором он всю Европу прошел, а тут на русском...

Автобус ехал своим маршрутом, иногда останавливался, подбирал людей и постепенно свободных мест становилось все меньше.

Так прошло часа четыре. Захрипел микрофон и неизвестный голос проинформировал пассажиров, что они приближаются к месту всеобщей пересадки. Каждый должен запомнить номер автобуса, в соответствии со своим направлением и не мешкая перебраться вместе со своими пожитками.

Голос хрипя и потрескивая, называл направление и цифру, которую надо искать на стекле автобуса.

Там, на дороге, уже стояли 5 или 6, больших туристических автобусов и взбаламученная толпа туристов с чемоданами и баулами металась от автобуса к автобусу пытаясь забежать к лобовому стеклу и рассмотреть вожделенный номер.

Выпрыгнув из автобуса Стив, толкаясь и проклиная всех и себя, рылся в глубинах автобуса в груде багажа, пытаясь найти именно свой чемодан. Поскольку этим же было занято не менее 300 человек, то было шумно и не просто. Небо сжалилось над его громкими стенаниями и явило его чемодан.

Воодушевленный подобным чудом, он ринулся вдоль автобусной линии, обгоняя неудачников и оглядывая лобовые стекла. По известному закону его автобус оказался самым последним. Внутри багажного отделения лежал на спине более чем полный мужчина, и кряхтя, что-то там ремонтировал. Нехорошее чувство закралось Стиву в душу, но гордость от собственной находчивости при поисках нужного номера автобуса согрела и отмела ненужные сомнения.

Шимон Гарбер

Пристроив свой чемодан на свободное от ремонта место, он счастливый и довольный занял место напротив задней двери, на случай если нужно быстро выбегать!

Человек, лежавший в багажном отделении, оказался водителем! Взяв микрофон, он представился как Миша (Стив бы сказал: — Миша и Яша в одном теле), и хрипло и не очень внятно изложил свой взгляд на продолжение сегодняшнего дня.

— Сначала мы поедем на Мертвое Море, так как часть туристов именно туда и направляется. Там предлагается всем отдохнуть в течение часа-полутора, а затем мы отправимся в Эйлат.

Поскольку альтернативы не предполагалось, а напротив, на халяву давалось омовение в Мертвом Море, то радость была искренней. Сказались волнение и стресс от перебежек с пожитками, и постепенно большая часть туристов впала в сон.

Все тот же хрипловатый и не очень внятный голос оповестил о новой халявной экскурсии в Иерусалим.

— Вот повезло! Побывать ещё, за те же деньги в Иерусалиме.

Народ искренне радовался. Автобус медленно полз в гору в огромной пробке.

— Ничего, ничего. В Эйлате мы побыть успеем, а вот в Иерусалиме вообще неизвестно.

Счастливые туристы щелкали в окна фото-видеокамерами, получив неожиданный подарок и предвкушая обзорную экскурсию по столице Израиля. Часа через полтора автобус вполз в город и немного покружив, остановился у какой-то гостиницы. Подобрав пару пожилых человек, Миша, он же Яша весело развернул автобус и покатил прочь.

Слов не было! Было много букв, но про себя.

— И для этого мы провели два часа в пробках﹖ — уныло спросил кто-то.

Земля Обетованная

— Ну, надули. Ну, показали пряник, а дали шиш. А что? Надо всех спрашивать? Куда ехать? Как? Зачем? Не бояре, чай. — весело прокомментировал оптимист.

Впереди ждало Мертвое Море и желанный отдых. Еще два часа пути и вот оно. Для начала Миша-Яша (так уже привычней) привез всех на фабрику Ахава, где продавались в большом ассортименте косметические товары, производимые на местном сырье. Потолкавшись среди прилавков и оживившихся продавцов, Стив с удивлением заметил, что цены на продукцию слегка выше, чем в городке, отстоявшем от места производства в 6 часах езды.

— Ну, в России мы все знаем, когда нас везут в подобные торговые заведения или рестораны и прочее. Ищи, кому это выгодно. Старо как мир.

Наконец М-Я (так даже проще), прибыв на Мёртвое Море, стал развозить народ по гостиницам. Когда все прибывшие были пристроены, оставшихся отвезли к общественному пляжу. Проход к желанному морю решительно перегородила небольшого роста энергичная дама, и вновь была небольшая экскурсия к товарам косметики с маркой Мертвого Моря, в местный магазин. Но все проходит.

И вот он, пляж!

— Ну какие это туристы? Ни к чему не готовы. Конечно, весь берег в кусках соли. Куда поперли без специальной обуви? Ноги-то свои, не казенные. Конечно, разъедает соль и карябает. А если в глаз попадет вода, кричи караул. Вот смеху-то будет, — комментировала происходящее уборщица.

Прав был М-Я! Через час все были готовы ехать дальше. Впереди пустыня и ничего кроме пустыни. Но нет. То тут, то там, виднелись поселения бедуинов, напоминавшие строения из фильмов кошмаров. Из всякого хлама, бумаг, палок и просто мусора. Посреди песка, лежащих коз и верблюдов. Так они живут. Больше 2000 лет.

Слева и справа вдоль дороги стояли стройные колонны пальм, и плантации цитрусовых, покрытых сетями, с системами орошения! Как это работает в безводной пустыне? За последние 30-40 лет, как смогли израильтяне создать подобное чудо? Это ноу-хау этой удивительной страны.

Прошло всего-то часов двенадцать, а автобус с туристами уже подъезжал к жемчужине Израиля, городу-курорту Эйлат. Хрипловато-невнятный голос водителя, объяснил систему высадки туристов. На каждой остановке он называет гостиницу, и те, кому положено — выносят свои вещи и направляются к местам, обозначенным в незатейливой бумажке выданной тур агентством. Стив напрягся, чтоб не пропустить свою гостиницу, но так и не разобрал. Во время второй остановки, вдруг, при помощи своего нехитрого набора слов, смог прочитать на строении название, похожее на то, что у него в бумажке. Он кинулся к М-Я и тот снисходительно кивнул головой. Кубарем скатившись с автобуса, Стив залез в багажное отделение, рванул свой чемодан и автобус укатил. Небольшой стайкой, туристы поднялись по ступенькам, втащили свои чемоданы и оказались перед невысокой конторкой, за которой сидела не очень приветливая девица.

Персонал данного заведения состоял из двух девиц, одинаково неприветливых, и менеджера, скорее злобного, чем неприветливого, трех-четырех уборщиц и еще трех-четырех, обслуживающих всякую технику данного предприятия. Это здание, вероятно, было построено одним из первых в городе, и вряд ли было приспособлено под гостиницу. Всё было жутко старое, замусоленное, плохо убранное и едва ли отвечало хоть каким-либо звездам. Даже одну звезду дать было бы непростительным попустительством. У туристов потребовали паспорта. Хотя в тур агентстве говорили, что паспорта не нужны, но туристы, тертые калачи и естественно, без паспорта ни шагу. Документ находился в чемодане, куда Стив и обратился.

— А замочек-то на чемодане тю-тю. Вот гады, сперли.

В волнении, он открыл чемодан.

— Батюшки! Это ведь не мой, — в большем волнении, он кинулся к неприветливой.

— Караул! Это ведь не мой чемодан. А где мой?

Его словарного запаса, в такой волнительный момент, было явно мало, но тут явился ангел спаситель, в виде сантехника и бывшего соотечественника. Он работал в этом заведении и видел вещи и похуже. Он тут же связался по телефону с кем надо, и те пообещали найти водителя и все исправить в течение часа. Стив получил ключ от номера и побрел, тоскливо прощаясь с дорогими его сердцу плавками, но паспорт. Вот где кошмар.

На второй этаж вели два пролета крутых ступеней, и только мужество и неприхотливость, свойственные нашим соотечественникам не убило в них желания жить в этой «жемчужине» Эйлата.

Номер оказался на удивление лучше, чем вход. Вываливающаяся из стены сантехника и пластиковая покарябанная ванна не могла уже испортить настроения. Приняв душ и развалившись на узкой солдатской кровати, Стив принялся колдовать над пультом старенького телевизора, висевшего так высоко под потолком, что он понял, человек, сделавший это, не хотел, чтоб кто-нибудь ковырялся в нем.

Кондиционер дул холодным воздухом, словно боялся, что постояльцы могут протухнуть.

— Открою-ка я окно. О, гады! Они забыли поставить решетки. — Стая мух кинулась в атаку. — Да меня тут выживут из номера.

Прошел час. Полный надежд и сомнений Стив спустился вниз, и с замиранием сердца спросил у неприветливой, есть ли какие-то вести.

— Она пришла и забрала.

Он понял, что кто-то был и забрал чемодан, который он честно оставил внизу.

— А мой-то где? Мой принесла?

Неприветливая посмотрела на него, как на явно нездорового человека. В волнении он выскочил на улицу и – о, счастье.

Там стоял автобус, и на водительском месте восседал Миша-Яша, презрительно глядя на Стива, недотепу и балбеса. Стив хотел извиниться и поблагодарить, но двери в автобус были закрыты. А вот в самом углу открытого багажного отделения, зияющего пустотой, виднелся его чемодан с замочком. С воплями он кинулся к нему, и едва успел выдернуть наружу столь дорогой его сердцу предмет, как автобус, презрительно фыркнув выхлопными газами, унесся, закрывая на ходу зев багажного отделения. Все еще не веря своему счастью, Стив торжественно понес свой чемодан на второй этаж. Он бы отнес его и на десятый, да их было всего два. В номере теперь были Стив, его чемодан и не работающий телевизор.

Да бог с ним, с номером, надо поужинать и идти гулять по ночному городу. Неприветливая девица на ресепшен ткнула в стенку пальцем, и там русским языком было написано: завтрак 7-10, ужин 18-20.

— А где это можно поесть?

— На улицу и направо, первая дверь. — привычно и лаконично ответила она.

Было еще светло и жутко жарко. Весь двор перед гостиницей был захламлен мусором, окурками, бумажными стаканчиками из-под всяких напитков и прочей дрянью. Дверь в ресторан, обшарпанная, как и все вокруг, могла бы спугнуть любого, пожелавшего отведать местных яств, но только не голодного российского туриста. При входе он был встречен человеком в черной рубашке, который произнес несколько слов на местном наречии. В ответ Стив молча показал ключ от своего номера. Судя по реакции, это был правильный ответ на пароль.

В зале находилось еще трое-четверо людей в черных рубашках, готовых обслужить всякого, кто осмелится войти. Позднее Стив понял, что черная рубашка — традиционная униформа обслуживающего персонала в Израиле. Один из чернорубашечников показал жестом, мол садись, не на свадьбе.

Стив сел за один из столов, на котором стояло два набора по 3 кофейных блюдечка, наполненных накрошенными овощами. Закуска, понял он. В одном лежали мелко накрошенные помидоры и огурцы, в другом мелко натертая свекла и третий был наполнен чем-то в майонезе. Официант принес меню, состоящее из половинки за ламинированной страницы, с текстом на обеих сторонах. Одна была на иврите, зато другая — на простом русском языке.

— Вот здорово. Наверняка полно наших.

Позже он понял, что был не совсем прав. Наших российских и украинских было не просто полно, а преобладающе полно. Меню было простым и лаконичным, и как оказалось, единственным и вечным. Нехитрый ассортимент предлагал варианты из жаренной курицы: шницель, кусочки на шпажке, куриные сердечки или салаты, греческий или овощной. Официант, очевидно, не зная русского языка, стал считать, тыкая пальцем в названия. Стив ткнул в цифру 5. Чернорубашечник обрадованный, что так легко разобрался с заказом, ретировался и через пять минут вернулся с тарелкой салата, хлебом и водой. Вся эта нехитрая снедь была сервирована перед носом Стива, и он понял, какую непоправимую ошибку совершил, заказав греческий салат.

Немного листьев салата, нарезанный помидор, и все это великолепие посыпано натертой белой стружкой, призванной изображать брынзу. Все это было нетронуто никакой заправкой, словно автор боялся лишней деталью испортить кулинарный шедевр. Достаточно быстро покончив с этим утонченным изделием, Стив принялся озираться в поисках десерта и не зря. На стойке бара стоял кипятильник с горячей водой, грубого помола кофе в банке, сахар и нарезанные небольшие кубики чего-то, белого и не очень возбуждающего аппетит.

Взволнованные туристы стояли стайкой вокруг всего этого великолепия, и ухватив законную добычу, уносили радостно на свой стол. Стив тоже хотел своей доли пиршества и захватив кубик неизвестного чего-то, насыпал в картонную чашку кофейный порошок с сахаром, и попытался налить кипятку. Проклятый аппарат плевал кипятком во все стороны, но не в чашку. После определенной борьбы, с ошпаренными пальцами, он все-таки получил свой напиток и, плюнув на все приличия, подсунул еще один пустой стаканчик как защиту от ожогов, и гордо донес свой напиток до стола. Обслуживающий персонал наблюдал за борьбой туристов, с плохо срываемой веселостью. Стиву показалось, что они делали ставки.

За стойкой находился шикарный кофейный аппарат. Обслуживающий персонал ресторана и гостиницы, сами себя обслуживая, с удовольствием пили хороший кофе из фарфоровых чашек, и ужинали за столом, либо унося еду с собой.

Кубики десерта на вкус были чем-то средним между белковым кремом и мягкой пастилой. В течение недели этот десерт неизменно сервировали на завтрак и ужин.

Но пора идти навстречу новым приключениям.

Справившись у неприветливой девицы за конторкой, где здесь море, и получив указание:

— Сначала налево, потом направо. — Он смело отправился в указанном направлении. Прошел, как ему было сказано, и потом долго и абсолютно безрезультатно шагал вдоль какой-то стены. Плюнув, на и без того заплеванный и замусоренный тротуар, вернулся на исходную позицию и спросил проходящую пару, где здесь море.

— Да прямо идите между домами, и всё. — Послушав хороший совет, он двинулся прямо и скоро, пройдя мимо везде разбросанного хлама, вышел на променад, тянущийся вдоль морского берега. Уже стемнело, но весь берег освещали стоящие с обеих сторон торговые палатки. Вдоль рядов фланировали беспечные и веселые люди, заглядывая в палатки и рассматривая предлагаемый товар. Палатки были освещены внутри и это создавало некую иллюзию праздника.

Заразившись общим весельем, он тоже бегал из лавки в лавку, но ничего, что бы захотелось купить, не нашел.

— А чего я хочу? А хочу я кушать, и поскольку мы на берегу Красного Моря, здесь должны быть сотни ресторанчиков и лавочек, продающих свежую морскую снедь и рыбу.

Но... увы. Он не нашёл ни одного. Невозможно. Лавок, продающих майки, трусы, шлепки всех видов, игрушки. Десятки если не сотни таких лавок с товарами, но рыбку, гада морского... увы нет. Может ночь, и сейчас время для баров, кабаре, казино или просто уличного гулянья, фейерверков.

Пройдя весь берег туда и обратно и ничего не найдя, Стив решил отправиться спать, и с утра ринуться на поиски мест более привлекательных, чем палатки с трусами, майками и шлёпками.

Шимон Гарбер

День второй

Утро было радостным и очень солнечным. Хотелось еще поспать, но закрыть шторами окно не представлялось возможным. Первая тюлевая штора была крепко пришита ко второй, плотной, а ее можно было только раздвинуть.

— Ишь ты, — подумал Стив. — Видимо это сделано специально, чтоб не валялись в кроватях, а спешили навстречу утренней Авроре.

Сначала душ, потом завтрак и вперед, навстречу приключениям. Правда пришлось немного задержаться в номере. Открыв душевую шторку он с ужасом увидел плавающие тапки в море воды, залившей весь пол. Побросав все имеющаяся в ванной полотенца, выскочил в комнату, вытерся простыней и гордо спустился на ресепшен. Сегодня дежурила, скорее равнодушная, нежели неприветливая, да к тому же соотечественница. Услышав его взволнованный рассказ, она кивнула нехотя головой. Он был услышан. Завтрак невероятно отличался от вчерашнего ужина. Обменявшись паролем с чернорубашечником, Стив обнаружил что открылась ниша, прежде спрятанная, и, о чудо, там был сервирован, то что принято называть «шведский стол».

Впоследствии он к этому привык, так как этот натюрморт без всяких изменений, встречал проживающих каждое утро. Но первое впечатление было сильное. Слева стояли стопки тарелок, рядом корзина с хлебом и булочками. Хлеб можно самому нарезать и отправить в чудо кулинарной техники, тостер. Далее витрина предлагала два вида селедки, накрошенный мелко салат из помидор и огурцов и три большие тарелки с беломолочным содержимым. Копченый колбасный сыр, вчерашние кубики из неопределимого состава, но явно немолочного и два вида джема предлагались в качестве десерта. Нельзя не упомя-

Земля Обетованная

нуть глубокую 3-х литровую банку с небольшими яблочками. Каждый отдыхающий по очереди залезал в эту банку и добывал 2 яблочка. Банка стояла прямо под плакатом на стене, где на разных языках запрещалось выносить еду из ресторана. Стив подумал, что банка стояла на этом месте не зря, никакую другую еду, кроме этих яблочек, выносить не хотелось. Завершали все это великолепие три глубокие ресторанные емкости с подогревом из спиртовок.

В первой помещались два вида каши, или скорее, вареной крупы, во второй емкости, макаронные изделия с шампиньонами, и в последней, два вида яиц. Часть, не мудрствуя лукаво, просто сваренные вкрутую, другие, очищенные от скорлупы, разрезанные и перемешанные с томатной пастой. Надо сказать, еще предлагались пирожки слоеные с не очень понятным содержимым. На стойке стояли плюющий кипятком аппарат, намолотый кофе, плюс появилось молоко. Наученный горьким опытом, Стив сразу составил двойной бумажный стаканчик и глядя с плохо скрываемой завистью на работников заведения, которые варили себе кофе в автомате, забрал свой напиток и отправился вкушать добытое. Быстро покончив с незатейливым завтраком, он поспешил наружу.

Пора встретиться с морем. Надев любимые плавки и собрав нехитрые пожитки, он отправился знакомым путем. При свете дня вся эта территория, вплоть до пляжа, была на удивление захламлена. Мусор и запустение царили вокруг. И это курорт мирового значения? Выйдя на пляж, он был приятно удивлен стройными рядами лежаков и уже не обращая внимание на мусор и окурки, смело занял одно из свободных мест, оставил пожитки и спустился по одной из лестницы прямо к морю.

В то время, как на берегу было полным-полно свободных лежаков, около воды на всякого рода полотенцах и половиках лежало множество отдыхающего народа, а некоторые тут же и закусывали всякой снедью. Смело вступив в воду, Стив немедленно осознал почему так много лавочек, продающих разного типа вьетнамки-шлепки. Все прибрежное дно было усеяно мелкой и крупной галькой и впивалось, и кололось пребольно. Матерясь и чертыхаясь, он доковылял до глубины и с наслаждением погрузился в воду. Она была чистая, прозрачная и теплая. Народу было много, и он то и дело поворачивал, чтоб не ткнуться в купающихся. Пришла пора выходить и было ясно, что если он не купит какие-то шлепки, то в воду больше не полезет. За рядами лежаков виднелся душ с четырьмя отдельными кранами. К каждому крану привязана веревка и пока за эту веревку тянешь, вода шикарно брызгается. К сожалению, две веревки были оборваны, и Стив встал в очередь к одной, что была ещё не оборвана. С противоположной стороны приблизился синюшного вида человек, весь в татуировке. Краны освободились одновременно. Стив вцепился в свою веревку, синюшный в свою и вдруг Стив услышал характерный звук и до боли знакомый родной язык. Об.......ся бл...дь! Адам открыл глаза и в ужасе увидел, как из синюшного валится дерьмо и плывет в его сторону.

— Мама! — завопил в ужасе Стив, и трясясь от омерзения, вылетел из этой, простите за выражение, душевой. Продолжая трястись и проклинать всех мерзопакостных ублюдков, добрёл до своего лежака и упал в изнеможении.

— Эй. Деньги давай!

Над ним стоял человек и требовал деньги.

— За что? — изумился Стив.

— За лежак. Маленькие деньги давай.

— Что ты называешь маленькими?

— 20 шекелей (около 4,5 €).

Этот человек регулярно обходил свою вотчину и собирал оброк в обмен на небольшой клочок бумажки, без числа и прочих атрибутов. Теперь до Адама дошел смысл лежания на полотенцах, хоть и без тени от зонта.

Время перевалило за полдень, становилось реально жарко. Народ потянулся прочь от пляжа, и Стив решил, что на сегодня хватит. Вернувшись в гостиницу, он застал за конторкой неприветливую.

— Скажите, а где я могу заказать экскурсию?

— Прямо здесь. — и с этими словами она протянула лист бумаги с перечнем экскурсий, на одной из сторон все по-русски.

— Я почитаю, подумаю и решу.

Он унес листок в номер, где было на удивление убрано и все полотенца и простынь поменяны. Когда этого не ждешь, то вдвойне приятно. Душ не починили, но надо же входить в положение и не брызгаться как морж. Стив слегка обмылся и принялся изучать предлагаемые экскурсии. Все что были на верблюжьих горбах, он отмел сразу. Одна из экскурсий предлагала выход в море на 4 часа с обедом, шашлыки куриные на мангале. Цена сходная, 175 шекелей, то есть, около 40 €.

— Но я хочу рыбу и морепродукты, раз я на море.

Он выбрал прогулку на катере со стеклянных дном, дельфинарий и коралловые рифы за 150 шекелей, то есть, около 30 евро.

Очень довольный, он спустился вниз и показал какой тур он хочет. Заплатил, получил квитанцию и инструкции: — в 8:45 ждать городской автобус #15, и тот отвезет куда надо.

— А из гостиницы автобус не забирает?

Подобная наивность даже не рассмешила неприветливую.

— Из гостиницы, направо, там остановка.

Делать нечего, надо идти знакомиться с городом. До неприхотливого ужина еще часа 4, можно многое обойти. На улице было не просто жарко, а пекло, как в хорошей котельной. Между часом и четырьмя все закрыто и лавчонки, открытые ночью, оказались обычными гаражами и сараями с ржавыми дверями и хламом, разбросанным вокруг.

Еще в номере, вооружившись картой Эйлата, он увидел, что город разделен неширокой протокой, впадающей в бухту и через неё перекинут мост. Он как раз дошел до означенного места и озираясь увидел вожделенный рыбный ресторан, предлагающий широкий ассортимент морепродуктов и рыбы. Не без волнения он взял в руки меню, но разочарование было жестоким. Там предлагалось все. Говядина, баранина, кура, рыба и морепродукты. Человек в черной рубашке предложил ребрышки на гриле, а по поводу морепродуктов посмотрел сочувственно в его глаза. Выйдя не солоно хлебавши из всеядного заведения, Стив обнаружил напротив большой круглый стеклянный комплекс со множеством соблазнительных неоновых надписей. На втором этаже во весь фронтон огромными буквами светилась реклама: Women Only!

— Вот это да! Я такое видел только в Нью-Йорке. Это был шоу-клуб Чиппендейл. Туда пускали во время шоу мужского стриптиза, только женщин, а мужчин, только после окончания шоу. Вот куда я иду сегодня вечером.

Поднявшись на второй этаж, он попытался выяснить время начала празднества. Удар был очень болезненным. Это был просто магазин женской одежды.

После такого разочарования пришлось вернуться в свой, номер, и с бокалом красного сухого вина и умыкнутых из ресторана яблочек смотреть вдруг заговоривший телевизор.

Впереди было еще одно развлечение в виде оплаченного двухразового питания в прилегающем к гостинице ресторане. Все было просто. Пароль, показываешь ключ, человек в черном дает картонку меню. Выбрал куриные сердечки на шампурах.

Хватит уже один раз греческого салата. Но у этого шулерского заведения выиграть невозможно. Чернорубашечник даже не улыбнулся, сервировав перед его носом тарелку с двумя шпажками и куском черствого хлеба. Стив растерянно смотрел на это, достойное удивления блюдо и поражался, как можно насадить на эти шпажки по 5-6 маленьких куриных сердечек и затем умертвить их путем длительного и мучительного жарения.

— Да, они меня ждали, они знали, что я это закажу.

Стив тайком огляделся вокруг, но никто не смеялся, а каждый поедал, что дадут. Ладно, есть еще молотый кофе и кубики неизвестного происхождения, а в номере ждали недоеденные яблочки и привезенный с собой шоколад. Не в еде счастье.

День третий

Стив проснулся с первыми лучами солнца, заглянувшего в не зашториваемое окно. День обещал быть славным, и ничто не должно было испортить прекрасного настроения. Воды при приеме душа налилось меньше обычного и уверенный, что все полотенца будут поменяны, он отправился на завтрак. Ничего неожиданного не произошло. Отведав вареной гречки и вареных яиц в томатной пасте, он прихватил два яблочка и попив незабываемого кофе, вернулся в номер и приготовился к шикарной поездке по загадочным местам. Без четверти девять сдал ключ выглянувшей на его голос равнодушной соотечественнице, и на вопрос как пройти на городской автобус #15, она направила его обойти гостиницу слева, а там остановка.

— А мне, — робко возразил Стив, — другая, неприветливая, говорила надо идти направо.

— Нет, — твердо сказала равнодушная, — надо налево, поскольку стеклянная дверь, ведущая на улицу, закрыта и гостиницу надо обойти слева.

Боясь пропустить этот редкий автобус, Адам поспешил во двор, и обойдя гостиницу слева, увидел невдалеке остановку с нарисованным автобусом.

— Хорошо, что я спросил. Надо ждать желанный маршрут номер 15, который должен знать, где мне выходить.

Время шло, автобус явно запаздывал. Не успел Адам уже совсем запаниковать, как показался долгожданный зеленый автобус с цифрой 15 впереди. Поскольку он не снижал скорости, проезжая мимо остановки, Адам, выскочив на проезжую часть, нелепо замахал руками и завопил, что есть мочи. Очевидно, водитель опаздывал и из-за одного какого-то туриста не стал терять времени. Униженный и оскорбленный, Адам поплелся в гостиницу. Там уже находились обе ресепшионистки и хамоватый менеджер.

Они что-то бурно выясняли между собой на неизвестном ему языке, и на все попытки принять участие в общей сваре, не реагировали.

Пришлось завопить.

— Алле! Одна послала направо, другая налево, а автобус не остановился.

Тут они снова кинулись друг на друга, выясняя, правый или левый обход был правильным.

— Отдайте деньги, гады, — просипел вдруг охрипший Стив.

Хамоватый менеджер швырнул ему деньги, сопровождая советом обжаловать погубленную экскурсию в автобусный парк. Возвращенные кровные как-то охладили гнев Стива, и он решил проделать эту экскурсию завтра.

Земля Обетованная

— Нет, завтра и послезавтра все будет закрыто. Праздники.
— Охренеть. Через два дня я уезжаю.
— Ну, значит не судьба. Тогда в следующий раз.
— А не пошли бы вы все...

В бессильной злобе и отчаянии от испорченного отпуска, он бросился на солдатскую койку и принялся обдумывать свою незавидную отпускную одиссею.

— Есть день сегодняшний, плюс еще два дня, когда все будет закрыто, а какая разница, если и открыто.

Это было очень наивно. Он ещё не знал, что его ждет. Значит пляж, пляж и снова пляж. Ну и курортное питание в досточтимом ресторане. Работают супермаркеты, правда основной товар алкоголь и другие напитки, но ничего, есть телевизор. Жизнь продолжается.

На пляже, лежа на законно оплаченном лежаке, он принялся обдумывать, что происходит, и как с этим бороться. В Израиле господствуют законы кашрута. Никакую рыбу, кроме той, у которой есть чешуя, то есть практически, кроме речной или озерной, есть нельзя. Следовательно, все морепродукты табу. Именно поэтому нет рыбаков, привозящих свеже-пойманную снедь. А, следовательно, и ресторанчиков, специализирующихся на морской тематике.

Но это же бред, сидеть у моря и питаться мороженой птицей и мороженым мясом из Уругвая. Это же туристическое место, и преобладающее большинство не являются верующими иудеями. Но это религиозная страна, и как в любой религиозной стране, здесь свои законы и порядки. Поэтому и видимая ночная жизнь отсутствует. Какой там стриптиз, какое казино, какие бары с пляшущими обнаженными женщинами? Ну а какие-нибудь карнавалы, шествия праздничные, фейерверки, лазерные шоу?

— Фейерверков ему захотелось! А мальчиков кровавых с калашами не приглашали? Он, наверное, говорил уже вслух, так как на него озирались отдыхающие.

— Вот приснилась чертовщина, — объяснил любопытным и полез охладиться в море. Значит, программа такая: море, магазин, ресторан, телевизор. О, святая наивность!

Вооружившись в магазине двумя бутылками неплохого вина, чипсами и орешками, он прекрасно провел время до ужина.

Первый удар был болезненным, но не смертельным. Ресторан в связи с наступившими праздниками оказался закрыт. Поражало не то, что туристов оставили голодными, а это фантастическое хамство и пренебрежение, проявленное всеми, кто занят в сфере обслуживания туристов. А сказать, предупредить, нельзя было?

На ресепшен, тоже очевидно в связи с праздниками, сидел незнакомый мордастый дядька. В ответ на возмущенные возгласы, мордастый выдал всем крикунам сухой паек. Каждый унес в номер по две коробочки. В одной было холодное мясо в соусе, а в другой вареный рис. Эта заботливость потрясала, жаль конечно, что все холодное, но ведь им что-то делать надо было со вчерашними остатками.

Второй удар ожидал в номере и был побольнее. Отключили все телевизионные каналы, кроме российского первого. Это было благородно.

Земля Обетованная

День четвертый

Начав новый день завтраком, от вчерашних остатков, Стив отправился осматривать окрестности. Его путь лежал к мосту, через протоку, на неизведанную территорию Эйлата.

На мосту его встретил большой транспарант, с надписями на многих языках: "Прыгать с моста запрещено".

— Наверно, бывают совершенно отчаявшиеся люди, — посочувствовал Стив, и осторожно перешел мост. Он оказался в другом мире. Невероятно ухоженная территория с отелями самого высокого международного класса, обсаженные красивыми пальмами и подстриженным кустарником. Вместо гаражей и грязных ларьков, магазины, названия которых есть во всем мире. Чистейшие плиты дорожек вели к морю. Первое, что бросалось в глаза, это яхты и суда, различные по назначению и предназначенные для морских развлечений и путешествий. Марина была отгорожена канатами от просто пляжа с лежаками и большими зонтами.

Он бродил по всей этой красоте от одного отеля до другого, еще более великолепного.

Море тоже было другим, величественно спокойным и красивым.

— Так вот какой он, этот Эйлат. Как же я оказался на заднем дворе? Значит есть два Эйлата? Один для богатых и знаменитых, и другой для бедных и глупых. Скупой платит дважды и тупой тоже. Как можно было поддаться на дешевку? Не расспросить, не разузнать. Век живи, век учись, дураком помрешь.

Так, проклиная себя за глупость и сокрушаясь по поводу пропавшего отпуска, он бродил между морем и шикарными отелями и представлял, как красиво и роскошно проводят здесь время. Тут его осенило то, что подспудно беспокоило с момента, когда он перешел через мост. Было абсолютно пустынно. То, что роскошные магазины закрыты — это понятно, суббота. Но и шикарные отели казались вымершими.

Ни постояльцев, ни обслуги, ни одной живой души. Марина с ее судами и прочим морским транспортом тоже казалась вымершей. Не веря собственным глазам, он стал обходить отели не с фасада, а с обратной стороны.

Они оказались еще шикарнее чем с фасада. Но никого. По прекрасным асфальтовым дорогам не ездил никакой транспорт. Никто не гулял и не сидел в тени зонтов на террасах отелей.

— Где я? В заколдованном царстве? Ну понятно, суббота. Праздники. Но есть же всегда, кто не соблюдает? Ну хулиган там, или дети? — так рассуждая, бродил он по этому зачарованному миру роскоши, пока не увидел большой плакат, исполненный в той же манере, как и доска на мосту на многих языках мира. Этот транспарант предлагал приобрести апартамент в этом громадном отеле по сходной цене. Не веря глазам своим, он пошел к другому, еще более супершикарному отелю, но и там висело аналогичное объявление только название отеля было заменено. Суть предложения сводилась к тому, что, купив в отеле апартамент в рассрочку и по сходной цене, можно сдавать это отдыхающим и таким образом еще и зарабатывать. Можно самому отдыхать.

В 80-90 гг. весь мир был охвачен, подобной аферой, под названием «тайм-шер». Сосчитать, сколько народу по всему миру попалось на этом разводе вряд ли представляется возможным, но почему теперь, спустя много лет этот развод предлагается снова? Очевидно, ответ лежит на поверхности. Эти отели убыточны. Вся эта внешне шикарная жизнь не пользуется достаточным спросом. В этой части Эйлата вложены не просто громадные деньги, а фантастические суммы. Все построено с размахом

Земля Обетованная

и со вкусом. Это мог быть один из самых престижных курортов мира. Люди, инвестирующие огромные деньги в Эйлат, по определению обладают здравым смыслом и кучей советников, и в состоянии определить любые риски, связанные с подобными вложениями. На Средиземноморских курортах тоже есть пляжные сезоны и периоды затишья. Что-то не работает здесь. Стив уже не жалел, что провел свой отдых в одном из самых замурзанных отелей Эйлата и заплеванного пляжа. Что платишь — то и имеешь. Несправедливо, но так в этой жизни и есть. Приедет ли он еще раз в Эйлат?

— Пока я не пойму, что здесь не так, даже самый шикарный отель меня не заманит. Суперотель, хороший сервис и ласковое чистое море — это почти все, что нужно для хорошего отдыха, но есть что-то еще, чего он пока не понимал, но так, чтоб было жалко отсюда уезжать, и хотелось непременно когда-нибудь вернуться, но это вряд ли.

День пятый

Это был его последний день в Эйлате. Рано утром, откушав то, что Бог послал на завтрак, он отправился к морю. Все было как всегда, и дважды окунувшись в эти чудные волны Красного Моря, он в последний раз погрелся в горячих лучах сентябрьского солнца, покинул этот пляж, впрочем, без всякого сожаления. Войдя в холл отеля, он был удивлен количеством людей, сидевших где попало, и количеством чемоданов и сумок, занявших все свободное пространство. До объявленного времени прибытия автобуса было еще часа полтора, но доверяя чужой интуиции или опыту, он быстренько собрался и присоединился к желающим покинуть данное заведение как можно быстрее.

Автобус покружил по Эйлату, собирая пассажиров, и выехал на шоссе, проходящее через пустыню. Часа через три они прибыли на Мертвое Море и пополнив запас пассажиров и без всякого купания, попилили в сторону Тель-Авива, к месту всеобщего обмена пассажирами и багажом. Тренированные туристы выскакивали из автобусов, хватали багаж, и рысью, обгоняя слабых, разыскивали заветный номер на лобовом стекле автобуса. Каждый отвечал сам за себя, и прибытие к месту назначения объявлялось по радио. Через десять с небольшим часов, автобус подрулил к нужному городку, и Стив был благополучно встречен своим товарищем, предупрежденным заранее по телефону. Дома они проболтали половину ночи, обмениваясь впечатлениями, и товарищ предложил поехать на свадьбу в Иерусалим к его родственникам.

Шимон Гарбер

Свадьба №1

Побывать на еврейской свадьбе, посмотреть на национальные обычаи и обряды, попробовать, наконец, национальные блюда.

— Да кто откажется? Я только за.

— Выехать надо рано, так как свадьба будет утренняя.

— А что бывает утренняя, вечерняя или ночная?

Но товарищ шутки не принял и повторил: — свадьба утренняя.

— Ну, наверное, один из национальных обычаев, — подумал Стив. — Кто-то гулеванит не один день, а здесь утренняя.

До Иерусалима они доехали быстро, но вот в самом городе долго кружили в кошмарных пробках и слушая непутевый интернет-путеводитель.

С опозданием почти на час они наконец нашли здание. При входе, как и в любом общественном месте, стояла охрана, и после проверки направила их на пятый этаж. Это был большой холл для торжеств, и они очутились на большой террасе, где уже бродило множество народа с бокалами и бумажными тарелочками в руках. Их встретила мать невесты, тоже с тарелочкой и бокалом в руках. Они обменялись любезностями и отправились знакомиться с невестой, которая непринужденно сидела на террасе и позировала всем, кто щелкал всякого рода аппаратурой.

Толпа гостей, жуя и попивая, флиртовала с невестой, и она не смущалась.

— Смотри, как здорово, а везде невесту прячут до момента обряда, от сглаза что ли.

Земля Обетованная

Народу было много и за барной стойкой отбивался от толпы страждущих одинокий бармен. Получив, наконец вожделенный бокал с напитком, Стив отправился знакомиться с национальной кухней.

На открытой террасе были сервированы четыре стола с небольшими закусками. На первом, большое блюдо с изящно разложенными кружочками суши.

— Нет, я за суши, но не на еврейской же свадьбе, и не на солнце при 29С градусной жаре.

На втором столе стояла емкость с мясными шариками и рядом блюдо, на взгляд — китайская рисовая лапша с овощами. На третьем столе стояло блюдо с нарезанными кусочками жаренного теста с овощами внутри на вид, как оказалось и на вкус, китайские роллы. Странно конечно, хотелось отведать чего-нибудь национального, но вино было неплохое и без китайского сопровождения.

Открылись широкие двери огромной обеденной залы, где стояли сервированные на 10 персон столы и вдоль стен располагались накрытые красным кумачом столы с ресторанными большими блюдами из нержавеющей стали с горящими спиртовками под ними, призванными поддерживать нужную температуру. Из этого поистине великолепного зала со стеклянными стенами, сквозь которые открывался вид на старый город Иерусалим, открылись еще одни двери за которыми была еще одна большая терраса на которой и проводилась церемония бракосочетания. Головокружительный вид Стены Плача у разрушенного Храма, более 2000 лет назад, был феноменальным. Четверо юношей раздвинули четыре шеста, к каждому из которых был прикреплен угол холста и образовали нечто похожее на шалаш. Наверно еще в те времена, когда евреи были кочевниками, появился этот походный обычай. Жених уже стоял под этой, как ее называли, хупой, и невеста появилась, ведомая под руку отцом. Раввин в традиционной праздничной одежде вел церемонию на двух языках.

Жених был англоязычный, для него и его гостей по-английски и для всех остальных — на иврите. Гости щелкали кино-фото и телефонными аппаратами. Служба была достаточно долгой, жара стояла немилосердная и народ потихоньку перебирался в обеденную залу, где было прохладно и манили накрытые белоснежными скатертями столы. Жених и невеста наконец стали мужем и женой, и все вернулись в зал.

Все было организованно профессионально, каждому была выдана карточка с номером стола и вся толпа быстро расселась на предназначенные места. Официанты сервировали вино, а еда сервировалась по принципу самообслуживания. Еды было вдоволь и счастливый народ бродил с одного конца до другого, укладывая на тарелку то, что приглянулось. В Израиле еду называют национальным спортом, и глядя на тарелки с горками всяческой еды понятно, что это справедливо. Всякий раз, когда Стив спрашивал, а какая еда национальная, его отсылали отведать хумус. Это такое пюре из турецкого гороха, чеснока и пряностей, заправленное оливковым маслом. Никто не спорит, неплохо, но как-то маловато для национальной кухни.

Включили аппаратуру и все заглушила мощная танцевальная мелодия и молодежь ринулась плясать. Это было незабываемое зрелище. Девочки, включая невесту, образовали свой круг. Мальчики, включая жениха, образовали свой и все веселились и плясали, не перемешиваясь и не пересекаясь.

— А где танец жениха и невесты?

— Сейчас будет. Увидишь.

Над массой танцующих взлетели два стула, на одном сидела невеста, а на другом жених. Стала жутко весело и все плясали кто и как умел. Шум и грохот музыки не утихал ни на минуту. Никто не произносил никаких речей и всем было хорошо. Так продолжалось часа два, и постепенно гости стали расходиться. Товарищ Адама сказал, что и им пора, дорога дальняя. Прощаться было не с кем, и они покинули гостеприимный и приятный дом.

Дорога была длинная. Они говорили об Израиле вообще и о туризме, в частности. Товарищ Адама, попросил его описать его приключения и прислать ему.

На следующий день, провожая Стива в аэропорту Бэн Гурион, он напомнил об этом обещании.

Прошло две недели и на его почту пришло большое письмо из Санкт-Петербурга. Это письмо, с небольшими помарками, он рассылал копии друзьям и знакомым.

Это нехитрое и откровенное повествование заставило гостеприимного хозяина задуматься о туристическом Израиле вообще и о традициях и культуре, в частности. С организацией туризма все было более или менее понятно. Израиль страна небольшая, населения не очень много. Израиль светское государство, живущее по религиозным законам. Этот, кажущийся только на первый взгляд парадокс, по сути и есть основа бытия и культуры этой страны.

Этот густой замес из различных религий, культур, традиций и противоречий, вместо создания огромного Диснейленда Ближневосточного образца, создал бурлящий котел, способный взорваться и воспламенить вселенский пожар, сжирая, вконец отупевшее в злобе человечество. Это только вопрос времени — появление новой субкультуры или субрелигии, способной создать новых вселенских идолов, могущих примирить всех. Такая задача под силу разве мессии или мошиах, как говорят в Израиле.

Туризм, область где крутятся огромные бабки, как говорят в сегодняшней России. Множество стран существуют, и неплохо, только потому что в них есть туризм. Израиль, с его уникальной древнейшей историей, памятниками старины, религией, климатом и природой, мог быть далеко не в последних рядах, привлекать туристов со всего мира. Древние римляне, более 2000 лет тому назад захватившие эту страну и изгнавшие ее население на муку в беспросветные века, знали, как привлечь народ. Хлеба и зрелищ.

Турист, приезжающий в любую точку земли, хочет того же. Многих интересует история, архитектура, хороший отдых. Другим интересны обычаи и традиции. И абсолютно все хотят «хлеба и зрелищ». А вот этого извините, нет. Есть конечно, всякая еда и в Израиле, это национальное развлечение, но нет традиционно национальной еврейской кухни. Объясняется это тем, что евреи были рассеяны по всем странам нашей планеты и культура еды в странах рассеяния, волей-неволей воспринималась и трансформировалась как собственная культура. Так-что пора создавать свою «высокую» кухню, свой «фаст-фуд» и потчевать гостей и отправлять на экспорт не только хумус и вино, но и кулинарные изыски еврейской кухни.

Что касается зрелищ, то помимо концертов гастролеров из России и немногочисленных своих звезд нужны большие, настоящие и постоянно действующие зрелища. Ну, если не олимпийские игры, то хотя бы, лазерные шоу или что-то еще не менее грандиозное. В немыслимо далекие времена царь Соломон построил Первый Храм. Царь Ирод Великий строил города, крепости, амфитеатры и стадионы, гавани и Второй Храм. Эти сооружения и сегодня поражают воображение. Ирод Великий не был иудеем и его не любил и бунтовал против него народ. И тем не менее в те далекие времена, при отсутствии реально какой-либо техники, эти чудеса были созданы.

Израиль строится и развивается, но вот без культуры развлечений, сервиса и хорошей еды, далеко не каждый захочет побывать здесь ещё раз.

Земля Обетованная

Шимон Гарбер

Тверия

Новый Год в Хамей Тверия

Новый Год, для человека, выросшего в России большой праздник. Самый-самый.

Наверное, надо позвонить тур агенту и узнать, что есть на этот год?

— Есть очень интересный тур в Хамей Тверию. Вы там уже были?

— Я уже был там однажды. Горячие бассейны, два на улице и один большой внутри. Есть сауна и в бассейнах джакузи. Прошлый раз мы приезжали на несколько часов, а в этот раз как? Мы будем жить в гостинице?

— Да. Прекрасная гостиница Римоним, что значит гранаты, прямо напротив комплекса, этих самых горячих минеральных источников, на берегу озера Кинерет. Это огромное озеро еще называют Море Иудейское. Цена, не о чем.

Автобус прибыл на место без особых приключений и достаточно рано утром, 31 декабря.

Всем выдали ключи от номеров и Алексу достался превосходный номер, с видом на Кинерет. Во-первых, он был один, без храпящих соседей. Во-вторых, был балкончик, метр на метр, но только для него. И в-третьих, в номере был электрический чайник и набор для чая и кофе. Такая забота покоряла, но только значительно позже он оценил всю прелесть такой заботы.

Земля Обетованная

Ужин в семь вечера, а сейчас переодеваться и в горячие источники здоровья и радости. Полотенца выдавали на выходе из отеля, а перекидной металлический мост через шоссе, привел его прямо к цели. Надо сказать, что все посещения банного комплекса входили в стоимость трехдневного тура, а также завтраки и ужины.

У входа в водный рай стояла небольшая группа людей, размахивающая руками и вся одновременно говорившая на иврите с цербером, охранявшим вход от нахальных желающих. Этот, в конец охреневший охранник, пытался найти в многочисленных листках фамилии наседавших, но окончательно обессилев, стал куда-то звонить. Он называл фамилии и телефон давал добро. Перед счастливчиком открывалась дорога в рай и все шло с рывками и воплями, но двигалось. Осталась последняя пара. Вероятно, они чем-то провинились в этом году или были типичными неудачниками. Не было их в списке, хоть тресни. Алекс стоял за ними и тихо ненавидел всех. Тупого цербера, тупых неудачников, тупой телефон или того, кто существовал за ним.

— Але гараж, меня пусти. Я есть в списке.

Но охранник, окончательно потерявший рассудок, вероятно не пустил бы в этот момент и мать родную. Появилась молодая и решительная особа.

— Вы кто°

Неудачники заголосили, и Алекс с ними заодно.

— Тихо, по одному.

Надо сказать, что все эти разговоры велось на родном языке, иврит. Неудачники опять заголосили вдвоем.

— Фамилия° — рявкнула молодая.

Они назвали.

— Откуда° — Они назвали. — Бог есть! Она нашла их в списке. Охранник вытер потный лоб. — Пропустить. — Адам был следующий.

— Фамилия? — он назвал.
— Имя? — да, пожалуйста.
— Откуда? — ответ готов.
— Номер?
— Номер чего? Удостоверения личности?

То, что это была шутка, он понял, когда стал называть свои цифры.

— Нет, дай номер комнаты в отеле.

Он дал. Может она хочет знать номер телефона? Он уже собирался сам предложить, но прозвучала команда на впуск, и Алекс благополучно перешагнул в ворота рая.

— Вы тут все ребята ку-ку!

Но его юмора никто не оценил. За ним прошмыгнул тощий старичок, показав на входе два пластиковых стаканчика, с кусочками кекса в каждом. Старичок засеменил на выход к бассейнам. Охранник, до этого изображающий каменный столб, вздрогнул как собака, почуявшая добычу, и рванул за старичком. Тот был пойман и возвращен на пост охраны. Оказалось, что хитрый старичок, помимо стаканчиков с кексами проносил бутылку запрещенной водки. Вот тебе и старичок. Любой бы пошел с ним в разведку.

Банный комплекс

Погода была сказочная, 27 С и солнечно. Алексу сказали, что в Тверии температура на 10 градусов выше, чем средняя по Израилю. Возможно и так.

Ирод Великий, который понастроил в Израиле городов и крепостей, а также стадионов и портовых сооружений, хотя и

Земля Обетованная

был очень ужасный тип злодея, построил этот самый город и назвал его в честь Цезаря Римского, Тиберия. Ирод Великий, по сути не был евреем, но был поставлен римской властью, прокуратором Иудеи и несмотря на то, что не был любим народом, заслужил титул Великий, за свои заслуги. Он был величайший строитель своей эпохи. Во-первых, он перестроил Второй храм, который превзошел храм Соломона и своими размерами, и роскошью убранства. Ирод великий построил крепость Масаду, город Цезарею, Тверию, множество портов, цирков для гладиаторских боев и многое другое. Под конец жизни он окончательно потерял контроль над своим жестоким характером и казнил красавицу жену, Мариаммну, дочь первосвященника и казнил, с разрешения Римского Цезаря, двух своих сыновей, обвинив их в измене.

Город Тверия был однажды разрушен землетрясением до основания так, что осталась одна черная стена, но затем был восстановлен. Минеральные горячие источники, привлекают сюда множество народа как израильтян, так и иностранных гостей.

В канун уходящего года народу набралось видимо, невидимо. Солнышко припекало и вокруг двух уличных бассейнов, стояло множество пластиковых кресел и кроватей на которых загорал под декабрьским солнцем, ошалевший от счастья народ. Позагорать сейчас, 31 декабря, это здорово, но сначала в сауну и во все бассейны и джакузи. Большой внутренний бассейн был полон народом и был похоже на густой гороховый суп, с клёцками. Адам нашел свободный стул, сложил вещи и в плавках и пляжных кроксах отправился в сауну. Народ был везде. И в превеликом множестве. Поначалу пришлось постоять, но по мере убывания он продвигался все выше и наконец заслужил место сидеть наверху. Прошло 15 минут, стало изрядно жарко, и пора переходить к водным процедурам. После прохладного душа он подошел к бассейну, наполненному людьми.

Народ был исключительно пожилой. Вероятно, 95 % далеко за 60 лет. Молодежи практически никакой и очень мало детишек. Что это? Праздник доживших до счастливой старости, или сегодня приехали члены клуба кому за шестьдесят? Женщины все очень полные, на вид близко к 100 кг. Мужская часть, в большинстве, пузатые и где-то за 120 кг. Были конечно, но очень немногие, тощие, но явно непышущие здоровьем.

Все эти минеральные горячие источники считаются очень полезными, и Алекс живой свидетель того, как оживают, казалось совсем уже потерянные для общества особи. Горячая вода, между прочим 36,5 С, приняла его, теплом и уютом.

С правой стороны бассейна пузырятся 3 джакузи, где вода подается с большим напором. Счастливчики, захватившие заветные места, со снисхождением посматривали на завистников, то и дело проплывающих мимо.

Алекс подплыл к одному из владельцев счастья и сказал, что он за ним занимает очередь. Возможно устыдившись, тот предложил поменяться местами. Алекс, как человек простой, позволил себя уговорить. Он пристроился к джакузи, но в ответ на любезность, должен был развлекать незнакомца разговором. Ничего бесплатного не бывает, как мы знаем, кроме сыра в мышеловке. Для начала тот спросил откуда Алекс. Узнав, что он из Петербурга, как это обычно бывает при произнесении этого имени:

— О, Петербург! Очень, очень! — Алекс согласился что очень. Ну а дальше, тот говорил сам.

Адам узнал, что он был в Париже. О, Париж! В Милане. О, Милан. И далее по списку. Через 10 минут он жутко надоел, и Алекс любезно уступил ему место. Для того чтоб попасть в бассейн, расположенный на улице, необходимо вылезти из внутреннего бассейна, сделать пару шагов и спуститься по лестнице прямо во внутренний бассейн, в той части, где он под разделяющей стеной, он продолжается в наружном бассейне. Очень замысловато, зато удобно. Наружный бассейн еще горячее и температура указана на рекламном щите 38,5 С. Эдакое парное молоко. Ощущение специфическое, говаривал всеми обожаемый известный актёр Аркадий Райкин. Здесь никто не плавал. Народ принимал красивые позы, в виде распятых вдоль бортов бассейна или стоял кучками и общался. Здесь тоже были джакузи, но явно не было шансов. Алекс тоже принял позу распятого и жмурился от яркого и горячего, зимнего солнца. Вылезать не хотелось, но надо. Не сидеть же часами и отмокать как просоленная треска для рождественского блюда.

На берегу поначалу казалось прохладно и мокро, но постепенно солнце пригревало и даже стало слегка припекать. Вокруг народ лежал и сидел, и в основном предавался чревоугодию.

К кроватям и креслам были придвинуты пластиковые столы с различной снедью, в коробочках, баночках и пакетах, и запивалась из бутылок, различного содержимого. Чему же здесь удивляться, что подавляющее большинство пожилого народа непомерных размеров и ходит с трудом переваливаясь с боку на бок как пингвины. Они живы вопреки всякой логике и только волшебный климат Израиля, и изумительная медицина в состоянии бороться с этой само разрушающей силой, вкусно кушающего населения.

Возможно эти люди и понимают, что такое питание не панацея от нездоровья, — Но живем только один раз, так что, во всем себе отказывать? А если что, то таблеток разных в день штук по 10 -15 и жизнь продолжается. — Спорить глупо и абсолютно бессмысленно. Оптимизм, он тоже знаете, помогает.

Пора навестить сауну по второму кругу. Народу оказалось поменьше и место на верхнем ярусе нашлось сразу. Второй заход 10 минут. Прохладный душ и снова бассейн внутренний, затем наружный и наконец пора попробовать бассейн со «сладкой» водой. Почему обычная пресная вода называется сладкой, никто не знает, но точно не горькая, как Алекс понял, нечаянно хватив глоток, в бассейне с минеральными горячими источниками. Вода в сладком бассейне была попрохладнее. Всего 26 С. Надо опять на солнце погреться. Температура воздуха 29 С. Чего и всем хочется пожелать. Третий заход прошел с таким же успехом. Время подкатило к 3 часам пополудни. Пора отправляться в отель. Готовиться к ужину, а затем к проводам Старого Года и встрече Нового Года.

Ужин в Римоним

На ужин можно приходить с 18:30 до 20:30. Алекс решил пойти к 19:00, а почему нет? Ресторан располагался этажом ниже первого. При входе сидела строгая, но справедливая женщина. Он показал пластиковый ключ от номера и назвал его номер.

— Проходи.

— Прямо так? Без всяких дополнительных проверок и выяснений?

Он полагал, что у него отличное чувство юмора, но что-то она не веселилась. Делать нечего, надо идти кушать. Народу было много. Кухня понятно была кошерная, и он дал себе слово быть сдержанным и не хватать все подряд. Все знают, как это увлекательно, класть на тарелку всего понемножку. Ведь хочется все попробовать. Это страшное испытание для любого человека. Еда, вот она. Холодная, горячая. Первое, второе, супа, салаты, десерты, выпечка еще много чего понаставлено. Всего понемногу, а получается столько, что приходится ругать себя последними словами.

Это ужасная испытание для нестойкого интеллекта человека, все включено. Люди, верные рабы своего желудка и такое извращенное издевательство, над мужеством и волей, и явный проигрыш, развращенному органу, унижает и оскорбляет.

При этом, работники пищеблока выступают на противоположной стороне и изобретают все новые и новые блюда, на людскую погибель. Как бывший профессиональный представитель этого злодейского племени, Алекс знал, о чем говорил. В ресторане было, на взгляд не менее сотни столов. Размером с футбольное поле, он мог посадить одновременно до 500 человек. Это высокотехнологичное современное предприятие. Большинство продукции поступает в виде замороженных полуфабрикатов, которые в этом же виде ставят в современные пароконвектоматы и доводят до готовности в глубоких стальных листах. В этих же самых листах, готовые блюда переносят на горячий стол с подогревом и все это ждет голодающих, не дождется. Всякие овощи, морковку, горошек, баклажаны и прочее вытряхивают из больших 3-х литровых жестяных банок. Это касается всего и десерта в том числе. Это не может существовать по-другому, иначе на кухне должна работать армия поваров, причем высоко квалифицированных и армия подсобных работников.

Зная, как трудно найти свободное место, Алекс решил положить тарелку с салатом и таким образом пометить своё место. Салат всегда хорошо. Кухня вынуждена покупать свежий зеленый салат и овощи к нему. Салат то он приготовил, а где вилки, ножи, салфетки наконец? Он поймал пробегавшего чернорубашечника-официанта.

— Где столовые приборы найти?

— Всё на столах.

Адам направился с тарелкой в руках в обеденный зал. Большинство столов были сервированы на 10 человек. Предполагается, что средняя израильская семья состоит из пяти человек. А там и бабушка с дедушкой или друзья. Они же сами сдвинут столы.

Проще конечно сразу сервировать на 10 персон. Все столы были заняты и сидело по 3- 5 человек, но стол занят. Когда они вставали, все на столе было грязное. Приборы, фужеры, бумажные салфетки и сам стол. Чернорубашечник сметал все со стола и тупо накрывал заново на 10 персон. В любом ресторане есть менеджер, директор или как его там кличут? Этот человек отвечает за все. Ему подчинена целая армия обслуги, все кроме поваров. Зачем производить горы мусора, мыть заново все приборы и посуду? Таскать огромные пластиковые глубокие ящики со всем этим, взад и вперед. А самое главное, нет же свободных мест. Глупость непобедима. А им так проще.

Алекс нашел место на другой стороне футбольного поля, пометил место салатом и пошел обратно, туда где стояли длиннющие холодные и горячие столы с блюдами. В самом начале был сервирован стол с главным израильским фирменным блюдом, хумусом. Его отпускал сам шеф-повар, в высоком шефском колпаке. На небольшую тарелку он шмякал большой поварешкой это гороховое пюре, затем брал столовую ложку и красивыми кругообразными движениями производил некий ритуал, размазывая изделие по тарелке. Он делал это раз за разом истово и оглядывал как художник, создавший несравненный натюрморт. Затем этот изыск передавался рядовому повару и тот сбрызнув оливковым маслом, предлагал украсить это специями или зеленью. Предлагался также, фарш мясной, или цельный горох или другое, какое-то пюре. Алекс был заинтригован. От всяких добавок он отказался, несмотря на укоризненные взгляды. Проходя с тарелкой вдоль горячих блюд, он отмечал что нельзя есть, а что можно, но лучше сначала попробовать. Он выбрал рыбу, как ему казалось, куриную ножку и немного риса. Тефтели, сосиски, тушеное вдребезги мясо и все что нельзя идентифицировать, то есть опознать, он отмел из соображений безопасности.

Пока он бежал на другую половину поля, его ужин слегка поостыл.

— Ладно, не бояре. А где мой салат? Вот этот стол, а салата нет. Надо есть, пока и это не исчезло.

На столе стояли бокалы для воды и металлический кувшин с холодной водой. Адам потыкал вилкой добытую продукцию и попробовал кусать рыбу и куриную ножку.

Все зубы, какие есть, можно было вытащить и сложить на тарелку. Они больше не нужны никому. Всё можно было жевать просто деснами или размазывать языком по полости рта. Рыба или её эквивалент, да и все остальное можно было перемешать в пюре и просто всасывать как густую кашу.

— Ладно, это все предсказуемо. Отведаю-ка я шефский хумус.

Он намазал израильский деликатес на кусочек питы. Ну наверно не дано ему постичь, как гороховое пюре может быть увлекательным. Бороться с этим не надо, но и кушать ни к чему.

Пока он предавался увлекательным занятием, дегустации фирменных блюд, заметил, как чернорубашечник сметал с соседних столов все, что там стояло.

— Вот куда мой салат уехал. В помойку.

Замыленный глаз официанта, не различал где огрызки, а где еще не тронутое блюдо. Народ часто тащил что не попадя. Надеясь все сожрать или хотя бы покусать, но часто силы покидали тело, и продукция оставалась невостребованной.

— Пойду-ка я поищу что-нибудь, что можно жевать.

Вернувшись туда, где еда ждала едоков, Алекс увидел длинную очередь, выстроившуюся к столу, за которым повар в колпаке нарезал от большой запеченной индейки. Это на взгляд явно можно жевать. Очередь потихоньку двигалась и вот и ему досталось. Это была самая сухая индейка в его жизни. Возможно она умерла в силу преклонного возраста или лежала в глубокой заморозке на армейских складах, но скорее готовил человек без любви к профессии. Алекс, избалованный американской индейкой, которую готовят по поводу и без повода. Она всегда такая нежная и вкусная, а эту птицу пусть повар кушает.

— Надо пойти посмотреть десерт. Это вредно, это тоже вредно, а это лучше не пробовать. Ладно кофе или чай? А где это?
— Скажите, а где кофе...
— Только вода на столах. У вас в номере есть чайник, чай и кофе.
— Мне что, взять десерт и идти в номер?
— Выносить ничего нельзя, — без комментариев.

Новый Год или шампанское в полночь

Сбор на празднование Нового Года, был объявлен к 23:00 в холле перед рестораном.
— У кого есть свое спиртное, приносите завернутое в пакетик. Это, дабы не раздражать хозяев торжества. Будет шампанское в полночь.

Алекс, куда бы не шел, брал с собой бутылку хорошего красного сухого вина. Это не потому, что он такой сноб, он просто заботился о самом себе и не хотел доставлять хлопот хозяевам. Слова о всеобщем шампанском, он воспринял с большой долей скептицизма и посему пришел со своей бутылкой вина и плиткой превосходного бельгийского шоколада. В холле сидели четверо из их многочисленной группы, и Алекс тоже присел в кресло в ожидании остальных. Появилась предводительница.

— А чо вы здесь сидите, я не поняла, — она была веселая.

— А как чо? Вы же сами сказали, сбор в холле в 23:00.

— Пошли, пошли.

Она зазывно помахала руками и вновь позвала: — Пошли.

Все дружно, вслед за ней проникли в преображенный обеденный зал, и она провела всех на импровизированный балкон. Там уже сидело несколько своих, и все принялись соединять столы и подтаскивать стулья. Само помещение большого обеденного зала, было превращено в танцпол, многочисленные пары лихо отплясывали и ритмично двигались в этом слегка подсвеченном пространстве. Со всех сторон звучала громкая музыка и среди танцующих разгуливала певица с микрофоном. Она очень неплохо звучала под фонограмму, народ ничуть не отставал и все веселились и смеялись как дети.

Алекса всегда потрясала эта детская непосредственность израильтян, готовых запеть в любой момент и в любом месте. Не так давно, он был на празднике в одном из ульпанов. Кто не знает, это школа, где вновь прибывшие изучают язык, на котором говорит страна. В день праздника, в середине дня в классе появились разные официальные люди. Ученикам были розданы странички с текстом песенок, на иврите, а для тех, кто еще не освоил язык, транслитерация русскими буквами. Были внесены две большие коробки с пончиками. Так их называют в Москве, а в Петербурге – пышками.

Были произнесены короткие речи и просто поздравления с праздником и затем приглашение к хоровому пению. Все дружно, правда поначалу сбиваясь, запели и захлопали в ладошки в такт. И это на трезвую голову, без всякой музыки и взрослые люди. У известного писателя, в гениальной книге, Мастер и Маргарита, есть строки, когда весь коллектив сошел с ума и не с того ни сего затягивал хоровое пение. Все помнят, чем это кончилось. Но израильтяне, без всякого массового психоза и алкоголя готовы петь в любую минуту.

Когда-то Алекс закончил ускоренные курсы бухгалтеров в США. После сдачи экзаменов, всех пригласили на следующий день на торжественную часть. Для начала их отвели в комнату, где был накрыт фуршет. Горячительные напитки, разнообразные закуски и прочая снедь. Никаких речей. Ешь, пей и будь счастливым.

— Во дают американцы, а дипломы то дадут?

Через полчаса их пригласили в актовый зал, где после очень коротких речей, вручали заслуженные дипломы.

Это было достойно восхищения и всяческого подражания.

В Израиле после хорового пения, всем предложили откушать пончики и затем продолжились занятия. Своеобразная национальная культура.

А бал между тем, продолжался. Что произошло со всеми этими, более чем пожилыми людьми. Еще днем они, переваливаясь и кряхтя, залезали в очень горячий минеральный бассейн и вдруг такое преображение. Неужели все это от погружений в целебный источник. Женщины, даже самые полные, вздрагивали под музыку как норовистые лошадки при звуках горна. Пожилые мужчины, поначалу отнекивающиеся, затем, как бы подчиняясь капризам дам, тоже взбрыкивали и выделывали черт знает, что. К столу подбежала разгоряченная полная дама, с болтающимися на голове елочными украшениями, молча, не произнося ни одного слова, хватанула со стола стопку с виски, махнула враз и ухвативши кусочек нарезанного яблока, рванула в толпу неистово плясавших людей. Адаму показалось что он у Воланда на балу.

Кто помнит фантастический роман Мастер и Маргарита? Бал у дьявола? Но там были жуткие грешники, всякие мошенники и убийцы. Здесь были добропорядочные люди, основной грех которых, был чревоугодие. Никому кроме себя они никакого вреда не делали. Пусть кинет камень первый, кто не любит вкусно поесть. Эти плясуны искренне и от души веселились, не думая, что будет потом, а сейчас душа и тело требует бездумного весёлого праздника и фейерверка. Музыка уже просто ревела и вместе с ней ревела, подпевая и выплясывая, обезумевшая от празднества толпа.

Внезапно, громкий голос, перекрикивая шум музыки, объявил, что сейчас будут раздавать шампанское. Алекс наивно полагал, что это будут бутылки с шампанским, возможно на 10 человек или на стол. Но устроители поступили мудро и просто. Они разливали в узкие пластмассовые бокальчики для шампанского, шипучий напиток. Мужчины, которые сегодня были кавалерами, больше чем, когда бы то ни было, устремились к раздаче священного для Нового Года напитка. Каждый торжественно нес свою добычу, по нескольку бокалов в руках, как первобытный человек, добывший еду, показывая мощь и удаль. Первый, достигший стола, попытался все эти бокалы одновременно и красиво поставить на стол, но увы, часть опрокинулась, и вся правая штанина Алекса, оказалась мокрой и мерзко прилипла к ноге. Человек извинился. Алекс молчал.

А что можно сказать в Новый Год?

Он сидел с мокрой правой штаниной и просто смотрел. Показался второй финалист забега с бокалами шампанского. У Алекса возникло непреодолимое желание быстро бежать.

— Да нет, как известно, снаряд в одну и ту же воронку, второй раз не попадает.

Он убедился, что поговорка врет. Второй кавалер, залил его левую штанину, этим подарком в Новый Год. Алекс сидел мокрый равномерно, оттуда где начинаются ноги и до самых пяток.

— Если я сейчас встану и пойду, вероятно я буду оставлять мокрые следы. Музыка вдруг затихла, свет погас, и он вздрогнул.

— Неужели это, из-за того, что у меня мокрые штаны?

Нет, это начался обратный отсчет. 10,9...2,1...

С Новым Годом! Ура! Музыка грохнула во все колокола. Народ неистово засучил ногами и все понеслось вскачь. Адам налил себе очередную порцию хорошего вина, закусил вкуснейшим шоколадом и сидел мокрый, но счастливый.

Влетела полная дама с елочными украшениями на голове. Адам моментально спрятал бутылку между мокрых штанин. Та оглянула мгновенно стол, увидела плитку шоколада, ломанула кусок и снова унеслась в вихре танца. Шабаш веселья только разгорался. Вино было допито.

Понятно, что с такими штанами здесь больше делать нечего, он вернулся в свой номер и долго смотрел прекрасный фильм. С Новым годом!

Первое января

В первое утро Нового Года, он проснулся с небольшой головной болью.

— С чего бы это вдруг? Вина я выпил всего бутылку, да причем приличного. Ничего не мешал, ел только шоколад.

Горячий душ привел его в хорошее состояние. Пока он находился в ванной, он не мог не оценить увиденное. Само помещение ванной неплохое, хотя и небольшое. Дверь, открывающаяся внутрь, оказалась не совсем удобной, поскольку пользоваться санитарными приборами можно только при условии полностью закрытой двери. Это легко выяснилось глубокой ночью, когда

Земля Обетованная

он полусонный попытался зайти в ванную и не включая свет, чтоб окончательно не просыпаться, пребольно треснулся об незакрытую дверь. Из недостатков он отметил очень низкий туалетный сантехнический прибор. Тот был слишком низкий и человек сидящий, напоминал кузнечика с коленками назад. Вероятно, дизайнер создавший этот шедевр, был небольшого росточка и в этом, Алекса окончательно убедил душ. Вступив в ванную, он убедился, что между его головой и потолком расстояние было в пол локтя. Сам душевой прибор был закреплен на стене и мог регулироваться по высоте. Алекс поднял это изделие, на самый верх и это стало поливать его прямо в лицо. Хотелось, чтобы это изделие лило свою водичку сверху. Так, может только для него, казалось естественней и удобней.

Если дизайнер был небольшого росточка, то вся эта конструкция была как раз. Нет, мыться можно, но хочется с кем-то поделиться своими сомнениями.

Помимо брюк в шампанском, Алекс обладал тренировочным костюмом, который и одел, собираясь на завтрак. В ресторане он был приятно потрясен произошедшей метаморфозой. Во-первых, все столы были раздвинуты и накрыты либо на две, либо на четыре персоны. У входа он был встречен человеком в черном и опрошен какой коллектив он представляет. С приятностью узнав, что Алекс сам по себе, он достойно проводил его до ближайшего стола и отправился встречать других, так же нуждающихся во внимании и навигации. Поначалу Алекс подумал, что надо сесть и ждать любезного официанта, но оглядевшись понял, что дело обслуживания завтракающих, дело рук самих желающих. А как же отведенное мне место для потребления пищи?

— Может пометить его каким-то принесенным продуктом? Э, нет, я уже пробовал вчера. Надо осмотреться.

Надо сказать, что согласно законам кашрута, обычно завтрак молочный, а ужин мясной. Значит сейчас только продукты, не содержащие никакого намека на мясо разрешены к употреблению. Адама всегда смущал вопрос куда отнести яйца. Вроде это снесла курица, а она — это мясо. А сыр? Его дала корова или коза. И она — это мясо.

— Чего-то я не понимаю.

Везде лежали яйца в различных видах. Вареное, жареное, омлетами и запеченное. Был даже повар, готовивший яичные блюда по индивидуальному заказу. Молочная продукция была представлена в ошеломляющем ассортименте. Вероятно, разные на вкус, но одинаково жидкие на вид, что-то напоминающее творог, сыры, брынзы. Йогурты, кефиры, разные виды молока и прочие молочные изделия баловали бродящую в сомнениях публику. Десерт и всякие булочки и рулетики и какие-то печеные штучки, без определенного названия, но, наверное, вкусные, требовали к себе внимания.

Салат—бар радовал глаз разнообразием как всяческих овощей, сырых и печеных, а также разных селедок, присыпанных репчатым или зеленым луком.

Горячих столов, было аж целых три. Один небольшой на три секции предлагал картофельное пюре, другое блюдо радовало жаренными ломтиками картофеля и третье неопределимым видом запечного чего-то. На подогреве лежали стайкой слоеные пирожки, в Израиле под названием бурекас. При кусании оказалось начинённым все тем же картофельным пюре. Два другие горячих стола оказались зеркально повторяющие друг друга. Все те же яйца, но в разных ипостасях. Яичница болтунья, это не в смысле болтовни, а просто перемешенная во время готовки, яйца в томатном соусе с луком, омлет из яиц.

Неподалеку располагался стенд с разными изделиями, которые заливают молоком и практически весь мир выкормлен этим сублимированным сухим продуктом. Появился работающий тостер и белый, так и темный хлеб. За тостером располагался стенд с продукцией разного цвета, но вероятно одинакового содержания. То, что принято называть джемом. Но самое потрясающее то, что миру была открыта и предъявлена большая кофе машина.

Адам любил начинать завтрак, в путешествиях, с большой чашки хорошего латте или капучино. В этом ресторане чашки, как и приборы с салфетками были сервированы на столах. Ну что ж, в каждой избушке свои погремушки. Адам подошел к пустому столу взял чашку с блюдцем и пошел назад, к кофе машине.

Все просто. Ставишь чашку, выбираешь напиток, нажимаешь кнопку...

Ответов было немного. Надписи на иврите и английском. Справа работала одна кнопка, с надписью горячая вода. Слева из трех кнопок, работали две. Одна обещала латте, а другая таила непонятную загадку. Значит латте. Машина дернулась, издала недовольное рыкание и фыркнула половину чашки, с серо коричневой бурдой.

— Ну ничего, надо попробовать.

Разведя странную жидкость, сахаром он направился к ближайшему столу.

Расстояние было не очень велико, но проклятая чашка колыхалась и дребезжала. Боясь расплескать эту горячую жидкость, Адам мастерски приземлил её на стол. Это было опасно. Одни штаны в шампанском, если эти залить кофейным напитком, домой придется ехать в трусах и носках. В спокойной обстановке он выяснил, что блюдце и чашка скорее всего из разных сервизов и верхняя часть не походит для нижней. Он разлил совсем немного и отведав пойло, решил оставить тем, кто уносит грязную посуду.

Он обошел в поисках одинаковой чашки и блюдца несколько столов, но результат равнялся нулю. Осталось предположить, что отель надули, втюхав бракованную партию. Во второй подход к плюющей кофе машине, он решил нажать на неопределяемую кнопку. Это выплюнуло полчашки черного кофе. Соблюдая всяческую осторожность, словно вовремя 10 бального шторма, он благополучно донес напиток до стола и решился отведать. Все чего он добился, это обжег язык.

— Всё, эксперимент закончен. В номере есть чай и пакетики кофе и носить недалеко.

Он вернулся туда где все было заставлено едой. Появился повар в колпаке и с ним появилась возможность заказать яйцо по своему вкусу. Перед Адамом, небольшого росточка дама заказала себе яичницу из двух яиц, а своему мужу, омлет со всем что есть. Предлагался лук, нарубленная зелень и тертый сыр. Повар разбил два яйца в круглое кольцо, рядом вылил на гриль болтушку из кувшина, добавил всякой снеди и проделал это же самое еще раз. Адам терпеливо ждал своей очереди. Повар жарил все это долго и с большим упорством. Он переворачивал эти два омлета и прижимал к грилю. По ощущению, это уже можно просто выбросить в мусорное ведро и начинать сначала, но он все жарил. Наконец он выдал даме яичную подметку и выковырял из кольца глазунью и предложил Алексу отведать изделие номер три.

— Я это не заказывал. Оно вообще давно умерло.
— Кто хочет⁰

Народ безмолвствовал. Повар выкинул кулинарный шедевр в помойку, где оно и должно было быть и спросил, чего это Алекс хочет⁰

— Овер изи знаешь⁰

Тот кивнул головой. Алекс показал два пальца и ещё раз добавил: — Овер изи.

С простого американского, это означало, что начинают как глазунью, а когда белок схватиться, аккуратно, чтоб не повре-

Земля Обетованная

дить желток, перевернуть всё это на гриле и слегка прожарить, чтоб желток остался всмятку. Осерчавший повар разбил два яйца в тарелку и в сердцах вылил на гриль. Один желток растекся и можно было повторить то, что произошло с яйцом предыдущим. Но был первый день, Нового Года, не хотелось никому портить настроение, тем более что сзади уже глухо ворчала очередь, и Алекс промолчал. Время шло, и он понял, надо помочь. Он показал рукой повару рукой как переворачивают, и тот послушно повторил. Адам поднес тарелку и показал, дай мол парень, тот посомневался, но яйца отдал. Из двух, одно яйцо было приличное. 50% это хороший результат. Тосты были хорошие и завтрак удался.

Второй день в минеральных горячих источниках прошел без особых приключений. Трижды поход в сауну, сменяемый водными процедурами, вероятно укрепил организм Алекса. Ведь известно, что все что не убивает, делает нас сильнее.

Вечер бы украшен ужином и телевизором. Наступило утро, а значит пора возвращаться в реальную жизнь.

Это была незабываемая встреча, Нового Года!

Шимон Гарбер

КНИЖНАЯ ЯРМАРКА

Листая интернет, Адам наткнулся на объявление, что в Иерусалиме с 8 по 12 февраля проводиться международная книжная ярмарка. Поскольку Адам причислял себя, с некоторых пор, к пишущей братии, то пропустить такое событие, казалось ему недопустимым. Сразу возникло множество вопросов.

— А зачем собственно я туда поеду? Общение с коллегами по перу? Вероятно, а что мне с этого общения? Возможность найти издателей для нового романа. Да, это серьезно.

Прежнего издателя, который издал его первую книжку, ему не хотелось привлекать к этой новой и большой книге. Ведь там, на выставке, будут представители литературы со всего мира. Наверняка какие-то нужные знакомства и вообще знания в этой области необходимы.

Международные выставки проходят по всему миру и практически во всех областях. В Нью Йорке существует огромный выставочный комплекс под названием, Джавиц Центр. Там одновременно могут проходить по две, а то и три различных выставки в абсолютно разных областях. Американцы называют это — шоу. Это и есть на самом деле шоу. То есть показать себя, миру бизнеса в твоей области. На этих шоу запрещено продавать что-либо. За нарушение такого порядка, компанию могут занести в черный список и запретить участвовать в будущем. Это шоу, для бизнеса, а хочешь продавать, открой магазин. На шоу заключаются сделки и каждый может найти то, что ищет.

В Иерусалиме, как оказалось, тоже есть выставочный комплекс. Судя по информации в интернете, он располагался, в бывшем здании железнодорожного вокзала. Адам отправился в

Земля Обетованная

тур агентство, где он обычно оформлял все свои путешествия. Понятно, что в интернете можно самому все найти и возможно дешевле, но на это нужно массу времени и нет гарантии, что результат, подтвердит ожидания. Вообще каждый должен заниматься своим делом. Человек, профессиональный в своей области, сделает это лучше, нежели дилетант, пытающийся сэкономить. В агентстве ничего про интернациональную книжную выставку не слышали.

— Да вы чего ребята? Ваша фирма имеет филиалы по всему Израилю и в интернете сказано, что вы обеспечиваете организацию туров для всех желающих, участвовать в этой выставке.

— Возможно в иерусалимском филиале это так, но мы об этом ничего не знаем.

— Ну Бог с ним. Выставка открывается с 08 февраля и до 12 февраля. Я хочу поехать 09/02 и 10/02 вернуться. Мне нужна гостиница по соседству с этим самым бывшим железнодорожным вокзалом, а нынче выставочным павильоном страны.

Поиски гостиницы затянулись, поскольку ближайшие к месту выставки оказались явно дорогие. Самая дешевая ночь стоила 1000 израильских шекелей, около $250. За эти деньги предлагалась постель и завтрак. Доехать из города, где Адам жил, до Иерусалима, проще на автобусе, но до него нужно было добраться до города, откуда идёт прямой автобус в Иерусалим. Всё это, еще занимало около часа. Все путешествие должно было уложиться часов за 5. Все говорят, что Израиль маленькая страна, но почему-то все путешествия начинаются очень рано. На севере это обычно в пять утра, если повезет, то в шесть. Чтоб попасть на автобус к пяти утра проще не ложиться. Какой в этом смысл? Проснуться в три ночи. Шустро помыться, также шустро позавтракать. Попросить кого-то отвезти к месту сбора. Быстро схватить уже собранный чемодан и переживать, что опоздаешь. Наученный горьким опытом, Адам решил спокойно добраться до Иерусалима, переночевать и с утра отправиться знакомиться со столь желанным, международным и почтенным, собранием собратьев по профессии. Цена была несколько завышена, что он был готов не ночевать дверь в дверь с выставочным комплексом, а мог прогуляться по городу три-пять километров. Возможно есть какой-то транспорт, а в крайнем случае такси.

— Есть гостиница, под названием Кисар. Она рядом с центральной станцией, куда прибывают все автобусы. Ночь стоит каких-то 400 израильских шекелей, около $100 по курсу, есть завтрак и оттуда не очень далеко, до этого самого бывшего железнодорожного вокзала.

— Беру! Это мне все подходит.

Скупой платит дважды. Об этом он знал давно. Но то, что это создает массу неудобств и проблем, осознал на своей шкуре позднее.

В агентстве он оплатил отель и получил на руки папку с тремя листами бумажек.

Первая удостоверяла, что податель сего оплатил безвозвратно ночь в означенной гостинице. Имя отеля и телефон.

Вторая бумага содержала расписание автобусов от города Кармиэль, до города Иерусалим, начиная с 5:15 и до 15:30 под номером 968, с интервалом в два часа.

Адам выбрал девятичасовой, как наиболее комфортабельный по времени. Третья бумажка просто подтверждала, что 400 шекелей покинули его счет безвозвратно.

Погода в феврале баловала народ, необычайно теплыми и солнечными днями, но возможно, чтоб жизнь малиной не казалась, на следующую неделю прогноз указывал на жуткое похолодание и обильные дожди. Ярмарку перенести нельзя, гостиница Кисар оплачена.

Одевшись как можно теплее, подобрав обувь, может и не суперкомфортную, но подходящую к дождливой погоде, он собрал рюкзак накануне.

Земля Обетованная

Что там было? Да пара пустяков, как говорят в Одессе. Несколько экземпляров его новой книжки, зубная щётка с пастой, зонтик и бутылка с водой. Ему посоветовали распечатать несколько экземпляров из новой книги.

— Ты же будешь знакомиться с издателями. Читать там у них времени нет, а что-то оставить надо. Это всегда производит хорошее впечатление. — Умных людей надо слушать. Три экземпляра, распечатанных одной из глав новой книги и всякие мелочи. Почему-то рюкзак оказался тяжеловат.

Как известно, своя ноша не в тягость, и он бодро зашагал к автобусу, который должен был доставить его до станции пересадки. Было 7:00 утра. Он бодрствовал с 5:00, готовясь к приятному впечатлению и за завтраком еще раз обдумывая весь маршрут. На станцию пересадки он прибыл в сопровождении роты автоматчиков. Это не в том смысле, что он был арестован, не приведи господи, а в том, что в автобусе находились юноши и девушки израильской армии и как говорит известный русский сатирик, еврей Жванецкий, видя такое количество людей с оружием, чувствуешь себя уверенно. Автобус # 968 пришел вовремя, Адам и вооруженная до зубов молодежь, заполнили автобус и через пять минут весь автобус спал. Езда не вызывали никаких желаний, кроме приятной дремы и не прошло и трех часов, как все были выгружены, на центральной автобусной станции Иерусалима, под названием марказит тахана.

Выйдя из автобуса, вслед за вооруженной группой, Адам оказался в зале большого торгового центра. Это современное 3-х этажное здание и еще два этажа вниз. Идя вслед за толпой, он добрался почти до выхода из здания, как вдруг зов природы напомнил ему, что он уже 5 часов в пути и прежде чем пуститься в плавание по незнакомому городу, нужно найти нужную услугу. Так красиво на иврите это и называют, шерутим, то бишь места для услуг. При выходе из здания размещался стенд с надписью, итальянское мороженое. Именно к человеку, стоящему за этим стендом, Адам и обратился по вопросу размещения этих самых услуг. Реакция была, как сейчас говорят, неадекватной.

Вероятно, Адам был сегодня не первый, кто об этом спрашивал, но тот сам в этом виноват. С точки зрения бизнеса, его местоположение очень выгодное. Его замечают все. И выходящие и входящие. Даже если они не жаждут мороженого в данный момент, есть другие вопросы. Не хочешь отвечать, нарисуй картинку.

Адаму он, оскалившись, потыкал большим пальцем вниз.

— Лемата мен, лемата.

Тут и дураку будет ясно, надо искать путь вниз. Вернувшись в торговый зал, Адам увидел в правом дальнем углу лифт. Смотри как просто. Он только успел подойти к лифту, как откуда-то появилась очень пожилая старушка. Адам нажал кнопку и дверь открылась. Древняя старушка быстро юркнула внутрь и нажала кнопку с указанием -1. Им было по пути. Время шло, а они все не приезжали. Было тихо и в душу закралось робкое сомнение. Адам нажал кнопку дверей, и они послушно открылись. Они были на том же этаже.

— Всё, приехали.

— А шерутим[о] — засуетилась старушка.

Оставалось развести руками. Пошел искать какие-нибудь ступени, ведущие вниз, но нашел еще один лифт. Там уже стоял мужчина, судя по униформе работник центра.

— А что по поводу шерутимов[о] — спросил Адам.

— Так это наверху. — Он нажал кнопку третьего этажа. Не успел Адам поразиться, по поводу разницы в информации, как дверь открылась, и униформист предложил ему выйти и прибавил:

— Тебе нужен один шекель.

Лифт уехал. Адам стоял позади группы людей, роющихся по

Земля Обетованная

карманам в поисках заветной монеты, достоинством в один шекель. Он тоже, лихорадочно зашарил по своим карманам и, о боги, она была у него. Волшебная монетка в один шекель. Помните известную арию: "Пусть неудачник плачет, кляня свою судьбу." Представьте человека, нашедшего заветное заведение, под названием шерутим, а у него нет монетки в один шекель и нет времени бежать и искать заветный пропуск в рай. Все, кто не успел, тот опоздал. Адам приблизился к клетке с огромными, с руку взрослого человека прутьями и должен был пропустить выходящих, поскольку ворота рая были только одни и они открывались бесплатно, только наружу. Держа в руках заветную монетку, он с трепетом опустил её в монето-приёмник и толкнул тяжелую решетку. Она скрипнула и отворилась.

— Молитвой и постом мы заслужили прощение и были допущены в святилище.

Император Веспасиан, сын которого Тит разрушил Иерусалимский Храм, придумал брать деньги за посещение общественных туалетов, и он же пустил в оборот известную фразу, деньги мол не пахнут. Двери рая были открыты и благодарный народ, наслаждался свободой и давал клятву не есть на ночь тяжелую пищу и вообще вести себя прилично.

Освобожденный от лишнего груза, Адам вышел на залитую горячим солнцем, иерусалимскую улицу и стал обдумывать сложившуюся ситуацию. Был полдень. Что делать сейчас? Отель с непонятным названием Кисар, был где-то неподалеку. Идти искать его, чтоб оставить хоть часть одежды, было достаточно бессмысленно, поскольку запускают, как ему сказали, не раньше двух часов. Можно пойти и поискать где находиться известный бывший железнодорожный вокзал. Как это сделать? Обладая минимальным словесным запасом слов, на языке, на котором непонятно как общается местное население, не позволяло вести широкий социальный опрос. Он решил вернуться в торговый центр и поискать какую-то карту и о, снова чудо!

Шимон Гарбер

На стене помещен знак, знакомый каждому, кто иногда выходит из дома. Английская буковка i, означающая, информация.

— Не в лесу живем, на самом же деле.

На третьем этаже, в заветное оконце, стояла внушительная очередь, растерянного народа. За окном сидела, молодая женщина, на вид совершенно измученная, вероятно одними и теми же вопросами, от окончательно ошалевшего народа. Адам готовился задать свой главный вопрос, обдумывая эпитеты, которыми можно описать бывший железнодорожный вокзал. Он был первый, он был старый, он был античный и он был железнодорожный. Все эти аналоги на иврите он выложил, стараясь быть убедительным. Она говорила по-английски. Адам, взахлеб повторил на любимом им языке, упирая я том, что там сейчас проходит книжная ярмарка.

Она повторила, уже повышая голос:

— Через дорогу, автобус # 18.

— Господи, просто то как.

Адам перешел дорогу и увидел огромное количество людей и большое количество остановок. Осталось найти ту, на которой написана цифра 18. Элементарно Ватсон, сказал бы Шерлок Холмс. Это и было элементарно. А вот и нужный автобус подкатил. Адам залез в автобус и закянючил, уже самому надоевшую фразу, атика, яшана, ришона, закена ракевет тахана.

— 5 шекелей.

— Ты мне скажешь, когда доедем º

Вслед за ним в вагон залез небольшого росточка человек, с тележкой в которой лежали картонные коробки. Такие тележки в Израиле называют "агала ле шук", то есть "тележка для базара". Он завел знакомую Адаму песню, ришона, яшана, атика и далее по тексту. Заплатив положенную мзду, колясочник метнулся в середину вагона и пристроил коляску перед собой.

Земля Обетованная

Автобус тронулся, и Адам понял, что они на верном пути. Двое не могут быть дураками. Колясочник не мог успокоиться и время от времени подбегал к водителю с надоевшим вопросом. Однажды он даже настропалил какую-то иврито-говорящую женщину попытать водителя этим вопросом, но тот был спокоен и невозмутим. По дороге народу все прибавлялось и на одной из остановок стояла просто толпа. Они все лезли в автобус, совали свои карточки в специальное считывающее устройство и пытались пройти дальше, хотя там и без них, яблоку негде было упасть. Народ был в массе своей очень странный. Во-первых, все были очень старые. Мало этого, они словно пережили все катастрофу. Были искалечены и с трудом понимали где они находятся и куда едут.

— С таким здоровьем и дома находиться тяжело. Куда их всех несет? А может они все едут на книжную ярмарку? — подумал Адам.

Но постепенно автобус освобождался, а заветной остановки все не было. Колясочник еще пару раз мотался к водителю, но с тем же результатом. Адаму казалось, что они уже дважды объехали весь Иерусалим и начинается третий круг. Вдруг водитель очнулся и изрек:

— Следующая остановка тахана ракевет, но я поворачиваю в каньон, а вы ногами идите прямо. Вон видишь через шоссе здание? Ну? Иди туда.

Автобус укатил. Адам зашагал под палящими лучами солнца, тепло одетый и в сапогах для жуткой непогоды. Колясочник тащился где-то позади. Перебежав шоссе и спустившись по насыпи, они попали на огромный шук, а по-русски просто барахолка. Народу покупающего, в отличие от продающего было немного. Под огромным шатром вокзала, вдаль уходили длинные ряды со всякой мануфактурой.

— А где здесь книжная ярмарка?

Это был глас вопиющего в пустыне. Впереди стояло здание также похожее на вокзал, и Адам отправился проверить, что может там к книгам более почтенное отношение. Поднявшись по ступеням наверх, он увидел двух человек. Охранница и её напарника, пропускающих редких людей через металлодетектор.

— Ребята, здесь проходит книжная ярмарка?

— Нет, здесь проходит железная дорога.

Подоспел колясочник, со своими пустыми картонными коробками. Они в два голоса загудели про старую железнодорожную станцию и старый вокзал, где проходит книжная ярмарка.

— Так вы не туда приехали. Вам надо на старую станцию. Ришона.

— Вот спасибо. А где это?

— Возьмите внизу такси. На двоих это будет дешевле.

— Все, бери коляску и пошли вниз. — скомандовал Адам.

На улице стояли две машины со спящими водителями. Все сначала.

— Нам надо на старую станцию, где сейчас проходит книжная ярмарка. Понимаешь?

— Да вы не первые. Уже возил. 50 шекелей.

Колясочник попробовал сэкономить.

— Давай за сорок?

— Нет. — ответ был лаконичный и доступный.

— Да поехали уже, садись. — Адам понимал, что торговля, сейчас бессмысленна.

Водитель запихал коробки и коляску в багажник, и они поехали.

— А ты на книжную ярмарку с коляской зачем?

— Я библиофил. Я каждые два года езжу на эти ярмарки. Её перенесли на новое место, и я уже думал, что не найду. — гордо ответствовал колясочник.

— А, так ты торгуешь книгами. Откуда сам-то? — поинтересовался Адам.

— Я из Одессы, и я не торгую книгами. Я — библиофил. Собираю интересные издания, по авторам и по другим интересам. Раньше в России были сотни библиофилов, а сейчас осталось десяток.

— Я знаю. У нас в Петербурге, на Литейном проспекте, собирались все эти библиофилы и продавали из-под полы собрания сочинений и редкие книги.

— Нет, это перекупщики. А библиофилы собирали книги. Вот я такой.

Адаму не хотелось его обижать. А зачем коляска и пустые коробки? Для редких изданий? Ну хочет человек называться библиофилом. На здоровье.

Они подъехали к большому зданию, внешне действительно похожему на вокзал. Водитель, получив причитающиеся шекели, потерял к ним всякий интерес, и Адам устремился внутрь, вслед за убегающим библиофилом.

Первое что бросилось в глаза, это большая табличка на столбе. "Тахана ракевет Ришона."

На выставке

Это было огромное помещение вокзала. Все было деревянное. Платформа, различные торговые заведения, по обе стороны рельсов железной дороги, заканчивающейся прямо здесь.

Было и каменное здание вокзала, в котором располагались услуги и торговые организации. Везде стояли столы со стульями и многочисленные торговые точки продавали еду и сувениры. Это было мило. Вот так старый железнодорожный вокзал, стал выставочным центром страны. Жаль, что мало народу об этом оповещено. Обойдя все торгующие помещения бывшего вокзала, Адам заметил плакат с указующей стрелкой и надписью на знакомом английском языке, книжная ярмарка, международная.

— Есть Бог, и ты привел раба своего на место, где ему надлежало быть.

Пройдя длинным и кривым коридором, Адам был вынесен духовной волной прямо на многочисленные стенды с книгами. Надписи на стендах, на разнообразных языках, объясняли желающим, какую страну и какое издательство оно представляет. Прежде чем кинуться в объятия первому же издателю он решил обойти всё и всех и присмотреться поближе. Это было не так уж и сложно. Четыре не очень длинных аллеи, пересекались четырьмя же переулками. Сразу от входа, слева и справа, располагались стенды русскоязычных издательств. Далее были религиозные издания, но опять на русском языке. А далее по списку англоязычные, венгерские, испанские и прочие, не очень для него интересные. Народу было не так уж много. Некоторые задумчиво перебирали книги и слегка торговались и насколько было заметно не безуспешно. Кто-то стоял кучками и о чем-то неспешно разговаривал с сидящими за столами людьми.

Адам решил начать с русскоязычного стенда. На его простой вопрос, с кем из издателей он может пообщаться, он получил простой ответ.

— Здесь издателей нет. Все русскоязычные стенды занимаются только продажей книг, а если вам нужно издательство, то пожалуйста, есть интернет.

Нет, ну в России все было понятно. Там на международных выставках занимаются продажей. В Петербурге построен огромный выставочный город, под названием Ленэкспо. Так там все приходят с кошелками и авоськами. Особенно в последний день. Торгуют все. За все заплачено. Никто и не сомневается, что выставка для того, чтоб в основном оправдать затраты, а если повезет, то и познакомиться с кем-нибудь. Зачем собрались? Да ведь так положено во всем мире, а мы что, хуже других? Но при этом можно еще немножко заработать.

Помните бородатый еврейский анекдот?

У еврея спрашивают: — Если б ты бы царем, что бы ты делал?

— Ну ещё бы немножко шил.

Вся эта выставка, во всяком случае в русскоязычной её части, из этого анекдота. Далее стоял стенд книг на русском языке, но с религиозной еврейской тематикой. Правда среди выложенных книг, он обнаружил и беллетристику. Это обнадеживало. Это издательство, которое находиться в Москве, представляли два религиозных еврея, судя по одежде, принадлежавшие к любавическому религиозному движению. Один из них оказался издателем и на скромный вопрос Адама, не заинтересованы ли они издать его новый роман, перефутболил его к другому, назвав его заведующим литературной частью. Тот был прям и прост.

— Какое это имеет отношение к еврейству?

— Если не считать, что это написано евреем и о жизни еврейской эмиграции 70-80 годов прошлого века, то никакого.

— Сколько знаков?

— Этого я пока не знаю, поскольку еще в процессе. Я думаю что-то в районе 500-700 страниц. У меня есть распечатанная копия одной из глав.

— Покажи.

Спасибо, умный человек подсказал. Адам достал несколько листочков.

— Так, все понятно. И сколько глав будет всего?

— Пока есть 30, но я думаю где-то в пределах 100, может немного больше.

— Это около 1000 печатных страниц. Мы не можем печатать такие большие произведения. От силы 250-300 печатных страниц.

— А если разбить на 3-4 тома?

— Если первый том не будет продаваться хорошо, то выпускать второй и дальше слишком рискованно. Мы не можем на это пойти.

— Предположим я перепишу концовку первой трети, и она выйдет как законченное произведение. Это может вас заинтересовать?

— Но вы же начали писать в расчете на развитие всей идеи?

— Это так. Мне не приходило в голову, что слишком большой объем может оказаться препятствием к изданию. — Только теперь Адам начинал понимать всю наивность своих ожиданий. Никто не возьмётся печатать тираж книги, объемом в 1000 страниц. Всему нужно учиться, тем более писать книги. И без него слишком много графоманов, создающих монументальные творения, ничего не зная и не понимая в книжном бизнесе. А это бизнес, как и любой другой. И должен давать прибыль.

— Пришлите мне в электронном виде одну-две главы. Я отдам литературным консультантам почитать и, если они скажут, что это супергениальное произведение, мы сможем говорить. — заметив уныние Адама, подбодрил заведующий литературной частью.

Это было уже что-то. Адам был далек от мысли, что занимающееся религиозной еврейской литературой, заинтересуется его скромным трудом, но кто не рискует, тот не пьет шампанское. Риск был практически нулевой, а узнать мнение людей, занимающихся литературой было интересно. Правда могут не ответить вообще. Ну а что терять? Нищему, как известно, пожар не страшен. Взял котомку и в другую деревню.

Далее, он нашел издателя книг на русском языке, проживающего в Израиле. Тот был деловит, краток и очень занят. На предложение Адама, взглянуть на уже изданную книгу, очень критически её листнул и отозвался об редакторе весьма нелицеприятно. Нашел что все не так, и все неправильно и вообще...

— Сейчас все ищут романы. Я издаю романы как в печатном виде, так и в электронном виде. То есть книги печатаются только по заказу. Я делаю полную подготовку, редактирование, верстку, художественное оформление и все что нужно, чтоб книга выглядела идеально. Это все за счёт автора. А что еще у вас есть? Что-нибудь интересное? Роман?

— Да я сейчас работаю над романом о эмиграции 70-80-х годов прошлого века, но мне сказали, что это слишком громоздкое произведение и никто не захочет вкладываться в такой дорогостоящий проект. Его собеседник как-то переменился. Адам почувствовал неожиданный интерес.

— Вы мне пришлите в электронном виде, все что у вас есть. Я посмотрю. Иногда, если я вижу что-то интересное, я заключаю договор и это абсолютно другое дело.

— Хотите я оставлю главу. Она у меня распечатана.

— Нет, нет. Вы мне пришлите в электронном виде и лучше побольше материала. Я хочу почитать и понять, как вы пишите.

— Хорошо, я пришлю вам пару глав. — Адам подумал, что это будет еще одно мнение. Это всегда полезно и интересно.

Следующим его собеседником оказался весьма уважаемый человек. Секретарь Союза Русскоязычных писателей Израиля. Как все нормальные современные люди, он отказался принимать какие-либо печатные труды и внимательно выслушав, протянул визитку.

— Вы все мне пришлите в электронном виде, и я с этим непременно ознакомлюсь. Это было приятное знакомство.

Адам обошел территорию выставки по второму кругу, но ничего интересного для себя не нашел. Он немного постоял у стенда Саймона&Шустера, но понимая, что ничего конкретного предложить не может, двинулся дальше. Это одно из самых крупных в мире издательств, но не сегодня. Надо издать что-то стоящее. Делать больше на этой ярмарке, увы, было нечего.

Адам видел несколько человек, как он понимал пишущих, которые уговаривали тех, кто от литературы решал, кто будет напечатан и услышан, но это были разговоры просителей с чиновниками. Адам не хотел быть одним из них и поэтому направился к выходу.

На выходе он столкнулся с двумя немолодыми мужчинами, которых видел на ярмарке. Они говорили между собой по-русски. Один из них высокий с бородой, другой, полная противоположность, невысокий и безбородый. Они разговорились, но Адам не спрашивал, как их зовут, а про себя называл их, высокий и невысокий. Высокий очевидно был лидером в этой группе и говорил он.

— Вы куда едете? — спросил он Адама.

— Вообще мне надо на тахана мерказит.

— Мы тоже туда едем. А вот и наш автобус.

Они все влезли, и весь остальной разговор происходил в двигающемся рывками автобусе. Начал естественно высокий.

— Я видел вы на ярмарке говорили с Секретарем Союза Писателей?

— Да, я пообщался на предмет вступления в члены Союза, — не стал скрывать Адам.

— А я как раз член этого общества.

— Скажите, а есть ли какой-либо смысл в этом?

— Я ездил в Москву, на книжную выставку в мае месяце, от Союза Писателей Израиля.

— У вас много печатных трудов? — полюбопытствовал Адам.

— Я напечатал в прошлом году книгу рассказов, но сейчас все ищут романы.

— А сколько печатных страниц вашей книги?

— Около 250. А что пишете вы? — заинтересовался высокий.

— Я издал небольшую книжку в этом году, а сейчас сижу над романом, но как я понял такой большой никому не нужен. — с сожалением ответил Адам.

— А сколько листов ваш роман?

— Да боюсь, за 1000 листов перевалит.

Невысокий заволновался: — Вы сказали 1000 листов? — На его лице было написано удивление.

— Вы серьезно? — откликнулся высокий. Адам кивнул головой и установилась тишина.

— Мне сказали, что никто не возьмется печатать такой объем. Я думаю разбить это на три части и искать издателя, пока на первый том. Но только не в России. Я слышал, что в России денег не платят. — продолжил Адам.

— Конечно не платят. Я не получил ни копейки. — нисколько не удивился высокий.

— Простите, а какой смысл этим заниматься?

Тот не ответил, но это и так было ясно. Человек хочет, чтоб его труд был замечен и печатает книгу за свои средства, в надежде стать, если не богатым и знаменитым, то хотя бы признанным.

Они вышли на конечной остановке и распрощались до следующей встречи. Большинству людей, занимающимся творчеством, не так важно, что не удается стать знаменитым, но хотя бы узнаваемым. На этой ярмарке, как Адаму представлялось, было три категории людей. Первые — это люди пишущие. Они искали возможности уговорить тех, кто поверит в их талант и вложит средства и покажет людям, какой бриллиант скрывался от мира. Вторые — это те, которые скрываются от первых. Они им не нужны. Никто не хочет вкладывать деньги в неизвестных гениев, с огромной долей вероятности, их потерять. Оплатите расходы по подготовке и изданию и тогда, мы подумаем, а стоит ли ставить свое имя под этим. Третьи — это просто те, кто торгует книгами. От крупных менеджеров до простых продавцов, всех тех, кто крутиться на перепродаже на разных уровнях и всех, кто в профессии. Их интересуют уже раскрученные, известные авторы. Такая вот картинка.

Отель Кейсар

Можно конечно, просто сесть на автобус # 968 и ехать домой. Но несколько соображений удержали Адама, от этого, казалось разумного шага. Последний автобус уходил из города пересадки в 15:30. Если он будет возвращаться сейчас этим путём, то вряд ли успеет к этому времени.

— Всё, выбора нет. Надо ночевать в Иерусалиме. Тем более отель оплачен и денег никто не вернет. Встать утром, позавтракать и спокойно идти на свой автобус. Если надо будет ждать долго, можно погулять по Иерусалиму. Хотя это дурная затея. Город мне очень не понравился.

Он был уже трижды в Иерусалиме. Но то были экскурсии. Памятные места, религиозные святыни, туристические достопримечательности. В этот раз он видел другой Иерусалим. Во-первых, люди, большинство религиозные. Старые и совсем дряхлые. Женщины и мужчины. Евреи и арабы. Неуютно как-то среди них. Он ездил на автобусе по кварталам, которые не посещают туристы. Вопиющая грязь и разруха. Разбитые хибары и современные строения. Вокзалы и восточная барахолка для нищего слоя населения. Какая-то скрытая агрессия и бесчисленные лавки, набитые всяким барахлом. Надо родиться на Востоке и воспринимать эту культуру нетерпимости, шумной жестикуляции и хаоса, окружающего тебя со всех сторон.

— Нет, я после завтрака поеду домой, а пока надо узнать где этот самый отель Кисар?

Это оказалось просто. После первого вопроса ему указали направление, и он легко нашел то, что искал. На здании висела вывеска с названием Сизар. А он искал Кисар.

— Так это оно и есть, — воскликнул Адам.

Помниться в старославянском говаривали Кесарю-Кесарево, а народ добавлял, а слесарю-слесарево. Это все вольный перевод с иврита. Сизар, он же Цезарь, а на иврите Кисар. Ирод Великий построил город и назвал его Кесарей, то есть Цезарией. А салат не Кисар, а Цезарь. Правда в России в него добавляют курицу, но это от недостатка понимания, что в хороший салат, мяса не надо. Значит он живет в Цезаре. Это не Кисар какой-то. Все должно быть по высшему разряду.

В холле он застал большую и жутко шумную группу русскоговорящих тинэйджеров. Экскурсовод стараясь перекричать всех, объяснял, как надо вести себя в гостинице. Адам подошел к стойке бара и предъявил выписанный документ.

— Дайте паспорт, — на простом русском языке откликнулась дежурная.

— А эта шумливая группа из России?

— Да вроде из Белоруссии. Твой номер на этом этаже.

Адам получил конверт с пластиковым ключом и отправился к себе в номер. Он был так себе. Не Сизар конечно, но для Кисара сойдет. Перед тем как покинуть стойку дежурной, он попросил ввести ему, обещанный бесплатно, код Вай-Фай.

В номере был электрочайник и пакетики чая и кофе. Адам встречал такое уже в гостинице Хамей Тверия.

— Может это фирменный знак отелей, расположенных в городах, названных в честь римских цезарей⁰ Но чай —это хорошо.

Адам принял горячий душ, и залез под одеяло с горячей чашкой чая. Все больше ничего не надо, можно три-четыре часа писать и быть счастливым. Его ждала правка текстов, которые он перевел в новый формат. Но увы. Его славный айпэд забастовал, объяснив, что нету дружок Вая-Фая, а без него, нет интернета.

— Не надо нервничать, — успокаивал Адам сам себя. — Надо одеть штаны и идти просить помощь.

Дежурная русско-иврито говорящая, сочувственно прониклась его горем.

— Понимаешь у нас есть 5 джи, а если потребление выше этого, то это такие деньги! Она была уверена, что он поймет.

— Понимаешь, — ответил Адам. — Сегодня, младенцы, едва получив молочные зубы, уже сидят в интернете. Старички, которые не помнят про свои молочные зубы, а нынешние кладут в стакан и затем тоже сидят в интернете. Твои 5 джи им до ж... Как и мне. Отдай интернет, и я все прощу.

Она привела здорового лысого дядьку, и тот долго тыкал пальцем в компьютер и наконец торжествуя сказал: — Есть!

Едва Адам, вновь обложился подушками и уютно устроился в кровати, его интернет сдох.

— Голиафа победить сегодня не получиться. Надо включить телевизор и прожить эту ночь.

Из двадцати программ, две были российские. Первый и еще

один, подстать ему. Там или базарные драки, вплоть до мордобоя или тоска. Затем израильские каналы. Это не его. Два французских. Мимо. Два немецких. Мимо. Несколько новостных на английском, пересказывающие одно и тоже, каждые пять минут и одно с жутко заунывным фильмом, от которого даже зубы заныли. Есть компьютер, но нет Вая с Фаем. Это всё равно, что дать голодному консервную банку, но без открывашки. За свои 400 израильских шекеля, равных $100, он всю ночь ворочался в кровати, включал и выключал ТВ. Пил чай и холодную воду, но уснуть не мог. Посреди ночи стало жутко холодно. Адам включил прибор на стене и поставил на плюс 30. Тот жутко загудел, но в номере становилось все холоднее. Обследовав шкаф в прихожей, Адам нашел четыре солдатских одеяла. Он притащил все. Он не мог сказать, стало ли комфортно, но можно было не ощупывать ледяную кожу. Война была проиграна, но наступило утро.

— Наверно завтрак сервируют с 7 утра, но для надежности лучше пойти к 8:00.

Горячая вода, в плюющем во все стороны душе, смыла горечь поражения и залила весь пол. В ванной стоял туман и зеркало показывало густую пелену. Вытереть бы чем, но есть только для себя. Последнее полотенце, было использовано, и он решил отказаться от рассматривания себя в зеркале.

— Чего я там не видел?

Выйдя из номера, он сразу учуял кухонные запахи и смело отправился на встречу с завтраком. Вниз по лестнице он уже шагал в строю. Народ шел косяком. Это были и вчерашние тинэйджеры из Белоруссии, и явные туристы из Америки и европейские собратья, говорившие на испанском и итальянском. Вавилон.

Кушать хотели все. Адам много раз участвовал в аналогичных завтраках и поэтому знал, что все будет, как и всегда. Поразительное многообразие селедок и салатов, это - на завтрак. У всех своя культура. Сырно-молочные изделия неопределенной консистенции. Всяческие булочки и печенюжки. Для него, все это из серии — они укорачивают нашу жизнь, но делают её вкуснее. На горячем столе стояли три блюда с разнообразными формами яичных изделий. Одни были желтые, другие белые и третьи просто вареные вкрутую. Был тостер и кофейная машина. Адам, как и всегда, пособирал, что ему казалось наименее опасным для здоровья и пристроился за первым столом. Так интереснее наблюдать за входящим народом, жестоко борющимся со своим желанием, сложить все в большую тарелку, закрыть рукой и уйти в свой угол и там насладиться сполна. Но народ был цивилизованный и боролся с дремавшими инстинктами. Пришла худощавая девчушка с огромным пистолетом, закрывавшем все её бедро. За нею, американская стандартная семья. Все высокие, спортивно-худощавые. Сок, молоко, хлопья и творог. Кофе с молоком довершил спартанский завтрак.

Израильтяне тащили селедки, салаты, булочки, рулеты и всего много. Пришел большой лысый человек, который помогал включить Вай- Фай вчера, подмигнул и стал собирать со столов грязную посуду. Говорить было не о чем. Адам пошел собираться и покинуть этот Кисар отель навсегда. Путь на центральную автобусную станцию оказался еще короче, чем казалось вчера. Пройдя несколько разбитых, как после бомбежки зданий, он вышел к красивому современному зданию вокзала.

На стенде объявление гласило, что все отправки автобусов происходят на третьем этаже. В окошечко информации стояла огромная очередь. А мне то, что⁰ Множество стеклянных дверей с надписью, по-английски гейт, ворота значит, вели к желанному номеру автобуса. Адам шел вдоль всех этих гейт и искал единственный номер # 968, но его все не было.

Последние, 19 ворота и вот он, # 968.

Осталось выяснить время отправки. Но почему-то против этого номера высвечивалась какая-то табличка с текстом. Даже если б он был двухметрового роста и имел на носу очки, то и тогда вряд ли понял бы, о чем речь. Пришлось тащиться через весь зал и встать, в столь гордо отвергнутую очередь.

— А что с автобусом # 968?

— Следующий в 1:30.

— Это же через 5 часов! Есть альтернативные способы?

— Автобус # 960 гейт 14 до Хайфы, а там пересадка. Следующий!

Выбор невелик. Адам нашел этот гейт #14. Подошел автобус #960 и он, с очередной группой автоматчиков залез в автобус. Его охрана, поставив оружие между ног, тут же захрапела. В израильских автобусах есть электрические розетки, для подзарядки телефонов и компьютеров.

Адам воткнул провод от компьютера в этот вход. О, диво дивное!

Есть электричество. Он включил настройки. Есть и Вай и Фай. Не надо пароля. Всё работало. Это были лучшие два часа за последние два дня.

В дороге ему позвонила сестра.

— А ты где?

— Еду в Хайфу. Отменили рейсы в Кармиель.

— Так из Хайфы еще лучше. Возьми автобус до Нагарии, а там пересядешь на местный и все, будешь дома.

— Действительно неплохая идея.

Автобус # 271 до Хайфы доехал быстро. А тут и автобус до Нагарии. Сколько раз он потом пожалел, о том, что сел в него, знал только он и автобус. Тот ехал и ехал. Он останавливался на всех, даже самых заплеванных станциях. Он объехал всю Хайфу. Потом посетил все Крайоты, то есть пригороды по дороге. Когда он добрался до города Акко, то двинул сначала на юг, а затем решил проверить, что делается не севере. Он заглядывал в каждый проулок и только, что не заезжал во дворы. Когда уже пассажиров не осталось и только Адам один, маялся позади, автобус снова выбрался на шоссе и двинулся, не спеша в сторону Нагарии. Едва, завидев Нагарию, он снова свернул в глубь и принялся челночить улицы.

— Не иначе, как назло, — понял Адам. — он, наверное, ждет, что я не выдержу, выскочу и пойду пешком. Нет, я буду сидеть и терпеть.

И враг был повержен. Они прибыли на тахану мерказит города Нагария.

Оттуда, до дому рукой подать.

Земля Обетованная

Шимон Гарбер

На поверхности Мёртвого Моря

Алан переехал в Израиль недавно. Он уже был там, но в качестве туриста. В составе группы, поездил по стране, тогда был февраль месяц, холодно, дождливо и Алан здорово простудился. Его группа вернулась, а он ещё задержался на неделю. Остановился у родственников, которых не видел много лет. Они жили в небольшом городишке, в горах на севере страны. Значительная часть населения, говорила по-русски, а как выяснилось позже, русскоязычные израильтяне жили везде. Алану этот тихий городок понравился, и он всерьёз задумался о переезде. Сказано, сделано и через год он был уже в Израиле, жил в большой квартире, маленьких квартир в Израиле попросту нет, на очень тихой улице. Из окна были видны горы и солнце будило в 6 утра. Алан путешествовал по Израилю, и думал о том, чем ему теперь заниматься.

Ему нравилось Мёртвое Море и каждую весну он собирался провести там хотя бы дней пять. Позагорать и полежать на морской поверхности и, омолодиться.

Почему на поверхности, а не в воде? На глубине там вообще темно и непонятно. Вот теперь говорят, там нефть нашли. Не зря его называли, Асфальтовым Морем. Да как туда нырять-то. На поверхности и то ноги подбрасывает, и переворачивает на спину. Греби назад к берегу, если некому помочь перевернуться. Насчёт омоложения, Алан был не вполне уверен, но в прошлом году, едва не сгорел дотла. Вроде не дурак, и прожил немало лет, а почему ничему не научился, понять не в состоянии. Экскурсовод, с умным видом, объясняла им, новичкам несмышлёным.

Земля Обетованная

— На Мёртвом Море, сгореть нельзя. Там такие природные условия и прочие обстоятельства, что сколь не загорай, а всё будешь как новорожденный.

Вот и верь после этого людям.

— За тупость мою, и доверчивость, прижигала мою многострадальную шкуру, видавшую виды, врач косметолог, жидким азотом. — рассказывал Алан друзьям и знакомым. — Все дураки учатся на своих ошибках, а не на чужих. Но вот пришла весна, и вновь я засобирался на море... Мёртвое!

Большой автобус, собирал людей, блуждая по северу Израиля. Народ не роптал, понимая, что такова обычная практика, израильского туризма. Не прошло и часа, может побольше и они направились на юг. Подавляющему большинству людей, устремившемуся на берега, отчаянно солёного, а посему и Мёртвому Морю, лет было немало. Народ подобрался поживший и повидавший на своём веку. Это вам не веселуха, дело серьёзное. Народ едет лечиться. Мужчины, в массе своей, лысые и пузатые. Отдышка, лишний вес, куча болячек всех систем и органов. Женская половина, помимо аналогичных проблем, в походке демонстрировала модный на данном курорте стиль. Не от бедра, а так называемый стиль "уточка". То есть, переваливаюсь с одной ноги на другую, качаясь из стороны в сторону. Заранее постаревшие и заранее располневшие, они, как и все, хотели бы обрести былую красоту и стройность.

Понимая, что это всего лишь иллюзия, они хотели просто облегчения от различных хворей. Средний возраст туристов, за 60. Это значит, что прожили жизнь нелёгкую. Там и война была, голод и прочие лишения. В основном, судя по речи, выходцы из России. Значит плохая медицина, еда не всегда на столе, климат сами знаете какой. Какая может быть фигура? Живы, уехали и слава Богу.

После сбора всех участников тура, решили сделать только

одну остановку. Пока суть да дело, экскурсовод, по громкой связи рассказывала, для тех, кто первый раз, что всех ждёт, что делать и как с этим бороться. Песня уже была другая. Может после немногословных замечаний Алана, по поводу невозможности сгореть на Мёртвом Море, она честно и прямо, рассказала несмышлёному народу, что мол, можно. Сгореть, если не дотла, то очень болезненно, а посему, на солнце не сидеть, мазаться от ушей, до пяток кремом от остервенелого загорания, ну т.д.

Народ бронировал места, в разных гостиницах. Алан и ещё один пожилой господин, оказались в первых рядах. Их высадили, и экскурсовод побежала вперёд, а за ней и Алан с дядькой. Отель большой, мест на 500 с гаком, и все вновь прибывшие толпились у стойки регистрации. 500 хотели уехать, а другие 500 хотели вселиться. Все эти желания, бурлили и разбивались о стойку регистрации, где три молоденькие девчушки, метались, как загнанные зверьки.

Израильтяне, народ хороший, но любят поорать и лезть без всякой очереди. Было воскресенье.

Первый рабочий день недели в Израиле. Да ещё первый, после праздника Песах. Понятно номера были не готовы. Там шла другая битва, за выселение. Что творилось в этих номерах, история отдельная. Экскурсовод, ухватила пробегавшую, судя по всему, старшую в этой кутерьме, и стала ей втолковывать, что тут две важные персоны и их надо срочно поселить Та, проникнувшись серьёзностью момента, попросила паспорта. Алан честно собирался взять паспорт с собой. Этот вопрос, он накануне, прямо, не стесняясь, задал экскурсоводу.

— Ничего брать не надо. Номера заказаны на ваши фамилии.

Было ясно, что он попал.

— Вы сидите здесь, я развезу остальных и всё решу.

Алан и мужичок, подхватив свои пожитки, пошли искать свободное место в бушующем море, бурлящего народа.

Земля Обетованная

Народ постепенно рассасывался. Уезжающие, победно бросали свои ключи от номеров. Некоторых вновь прибывших, заселяли и иногда около стойки регистрации, при некоторой удаче, и проявленной наглости, можно было попытаться привлечь к себе внимание, обслуживающего персонала. Мужичок, смело поставив около Алана свой чемодан, ринулся в бой. Он вернулся, победно махая руками.

— Дали номер?

— Нет. Но обещали прислать сообщение на мой телефон.

— Теперь я пошёл. Следи за моим чемоданом.

Он пристроился за суховатой старушкой, державшей в руке, квадратик мацы. Как ни удивительно, но возможно чудодейственная сила мацы, подействовала. Правда поначалу ей отказали.

— Если вы сейчас же не дадите мне номер, я не буду выезжать из него до вечера, в день отъезда.

Угроза возымела действие, и она получила ключи.

— Женщина! Дайте мне вашу мацу. Мне тоже нужен номер.

— Щас! Свою мацу иметь надо.

— Мужчина. Ваша фамилия?

— Гор.

— Вы что-то специальное в номер заказывали?

— Ну чтоб кровать была, и никаких соседей.

— Вот ваш ключ. Номер на 12 этаже.

Номер был превосходный. Вид с балкона, волшебный. Тут и море, и все другие отели и бассейн с высоты птичьего полёта. Причём это не метафора, а пока Алан распаковывал чемодан, в широко открытую дверь балкона пожаловала какая-то чирикающая живность.

— Ты это зря, птица сюда пожаловала. Есть нечего, а вот тебя, если поджарить…

Та не стала искушать судьбу и полетела дальше. А кушать хочется. Утром не завтракал, и день проходит впустую.

— Ужин начинается с 18:30 и наверняка, весь приехавший народ, рванёт в штыковую. Надо подождать хотя бы часик. Можно пойти знакомиться с достопримечательностями отеля.

Скоростных лифтов, шесть штук. Алан спустился на первый этаж. Всякие магазинчики, пустые понятно. Но не товарами всякими, а полным отсутствием страждущего народа. Не хочет народ шопить. Кровные свои тратить на мыло и крема всякие. А уж итальянские драгоценности, явно не в списках первой необходимости. Нашёл указатель на СПА процедуры, а за этим уже и то, что и требуется на курорте. Два бассейна с морской водицей, два небольших бассейна с джакузи, две парилки и один тренировочный зал, набитый всяким железом и прочими спортивными снарядами.

— Ну это на завтра с утра, а вот сауны и бассейны, можно и сегодня.

Алан взлетел на 12-й этаж, поменял прогулочную форму одежды, на курортно-плавательную, и вниз. Пока он катался туда-сюда, ушлый народ заполнил телами бассейны, джакузи, сауны и все лежаки и стульчики пластмассовые. Тренировочный зал был вниманием обойдён. Ну это-то понятно. Народ конечно хотел скинуть лишние килограммы, но не таким же зверским способом. Вот если лежать в воде солёной, кверху выступающим пузом, изображая гигантскую очень жирную селёдку, то может и уйдёт лишних килограммов 50-60. А в тренировочном зале, можно и окочуриться. Не молоды уже, и болячек больше чем денег. Памятуя старую присказку: …В Риме поступай, как римлянин, Алан рванул на себя одну из дверей сауны. Оттуда выпал вспотевший человек, и Алан немедленно занял его место. Сауна была небольшая и не очень горячая. Две полки для сидячих, 3+3, и пару стоячих мест. Но эта была элита, знающая толк в этих делах.

— Я плеснул водички, щас будет жарко.

Такого Алан вытерпеть не смог.

— Дядя! Это сухая парилка. Здесь стоят воздушные тэны. На них плескать воду нельзя. Могут лопнуть. Здесь нет булыжников, как на нашей бывшей Родине. Они, эти тэны, воздух греют.

Говорил он по-русски, поскольку другого народа там не было. Вообще, весь отель, да что там отель, всё Мертвое Море, звучало родной русской речью.

Изредка прорывался иврит, но это так, не всерьёз. Народ, разочаровавшись в надежде круто пропотеть, растаял, а вновь прибывший оказался мужичком, с которым они вместе штурмовали ресепшен.

— А тебе уже дали номер? На каком этаже? — поинтересовался мужичок.

— На 12. А тебе?

— Да я вот только в половине пятого, получил на третьем этаже.

— Не в этом счастье. Главное, живём.

Они тихо потели в тишине.

А что делать на Мёртвом Море? Да ничего делать не надо. На Мёртвое Море едут не отдыхать. Туда едут лечиться. От всевозможных недугов. Изобретательное человечество нажило множество болезней и хворей.

Домашняя аптечка с пилюлями и запасы еды в холодильниках, да ещё продолжительность жизни, всё увеличивающаяся, достигла апогея. Люди стали долго и трудно жить, подкидывая в топку последние изобретения фармакологической индустрии. Всё это на фоне главного развлечения жизни, обильной еды.

Шимон Гарбер

Люди собираются в стаи. Садятся за обильно накрытые столы и общаются. На следующий день делятся воспоминаниями, каков был стол.

Народ встречается на Мёртвом Море. Заходит в это море, и стоит кучками. Лечится значит. Ждут, когда можно будет пойти и немножко перекусить. А что здесь ещё делать? Если здоровый, то иди и работай. Не мешай людям лечиться. Кто за?

Море тёплое и ласковое. Погода в мае месяце не агрессивная.

— Вот если бы сделали лечебное питание, хоть где-нибудь, с обещанием похудеть, да я два, а может и три раза бы приезжала, — поделилась с соседкой полная дама. — А сама, держать себя в руках, при обильном предложении, ну не могу. Да я за один раз, столько могу съесть, сама поражаюсь.

Но ехать всё равно надо. Уж больно хорошо здесь, на море. На Море Мёртвом.

За хлопотами, незаметно подкатило главное развлечение дня отдыхающего народа, время собирать камни. Но это только так говориться. Народ собирал не камни, а различного типа еду, которую можно стыдливо умыкнуть и сожрать в тишине своего номера, вдали от ненужных глаз. Начиналось всё в зале ресторана.

Ужин в 18:30 и до 20:30. На дверях, сидела девочка, отмечая из каких номеров едоки. А ночью что прикажите делать. Голодать что-ли? Дамы несли через плечо, изящные ридикюли-сумочки. Туда ссыпалась вся добытая снедь. Эдак небрежно и как бы случайно. Потом выносилось, с изяществом наружу, независимо, с достоинством. Никто конечно не ловил и не стыдил. Это была игра и все эти правила знали и соблюдали внешние приличия.

Посреди зала на 500 человек, на завтрак и ужин, накрывался громадный салат-бар. С непременной селёдкой. Израильтяне любят солёную селёдку на завтрак и на ужин, и непременно с

Земля Обетованная

салатом. На ужин, Алан тоже не прочь, но на завтрак? С творогом и сметаной, всякими яйцами и сладкой выпечкой? У каждого народа свои пристрастия. Остановки, около которых надолго задерживались все столующиеся, помимо громадного салат-бара, включали горячие прилавки со множеством печёных, жареных, припущенных и иными способами приготовленных продуктов. Десерт-прилавок потрясал различной выпечкой и всякими сладкими изделиями, изготовленными на всеобщую погибель. Алан с превеликим трудом, сдерживал себя проходя мимо. Народ, вооружившись большими тарелками для вторых блюд, сметал всё, что успевали таскать из кухни двое поварят. Изделия были небольшими по размеру, и приходилось брать их много и разных. Уносили с собой яблочки, разные джемы и варенья в небольших упаковках. Выпечные различные изделия тоже хорошо шли на вынос.

Уж если при Советской власти, бдительной охраны и страха сурового наказания, все несли с заводов и фабрик всё, что плохо лежало, так-что здесь не унести, сам себя уважать не станешь. Откушавши ужин и прихватив яблочко, Алан возвращался к себе, на 12-й этаж. Можно смотреть телевизор и коротать время до утреннего завтрака.

Скорее бы. На Мёртвом Море, хороший аппетит.

Кондиционер, или на израильский манер, мазган работал не покладая сил всю ночь, и под утро пришлось его выключить, попросту открыв широко, балконную дверь. Они вообще не дружили. Стоило закрыть дверь на балкон, начинал задувать холодный воздух, открыл дверь, тишина и тёплый воздух с Мёртвого Моря. С вечера было твёрдое решение, идти в тренажёрный зал и там повеселиться от души. Правда к утру, этот порыв немного утих. Но слово не воробей. Правда он его никому не давал, а так, про себя. Но делать нечего. Надо идти. Пляжная сумка с принадлежностями готова, и вот он идёт, на голодный желудок, поднимать тяжести и бегать по дорожкам.

Его доблестный порыв, был остановлен в дверях, непонятливой женщиной.

— Вы куда это направляетесь?
— Как это куда? В тренажёрный зал.
— Сейчас, "женский час".
— Это как? В моей бумажке написано, мужской час с 7 до 8 утра.
— Нет. Это ошибка. Должно быть, написано с 7 до 8, вечера.
— Какой дурак попрётся в 7 вечера в тренажёрный зал, когда есть ужин? Да и вообще написано, что в 7 вечера всё закрывается.
— Да, но сейчас час для женщин.
— А почему? И сколько у вас сейчас, этих мужененавистниц занимаются в тренажёрном зале?
— Пока нет, но могут прийти.

Короче. От ворот поворот. Обратно на свой 12-и этажный балкон, и в неглиже приседать и бегать на месте. Алан махал руками на своем единоличном балконе. Все эти маленькие балкончики, были закрыты от нескромных глаз с трёх сторон. Очень удобно. Можно выйти в любом виде и эдак посматривая в даль морскую, совершать всяческие физические упражнения, не опасаясь насмешек.

Он махал руками и ногами, иногда посматривая вниз, со своей высоты. Маленькие фигурки в различных купальных принадлежностях, выходили из отеля и шли через дорогу в сторону моря. Это шли любители утренних водных процедур, пока солнце ещё не начинало нещадно палить.

— Наверное это правильно. До завтрака, и прямо в солёное море, но хочется как-то позавтракать, пообвыкнуть. Можно конечно и прямо в отеле, плюхнуться в один из бассейнов, а что тогда делать весь оставшийся день?

Земля Обетованная

Алан проделал немного упражнений. Получив полный заряд утренней бодрости, после освежающего душа, отправился знакомиться с предлагаемым завтраком.

— Значит так. Без фанатизма и жадности. Сначала кофе. Потом, очень спокойно, не торопясь и не толкаясь, выбираю одно яйцо, тост и кашу.

Выбрав стратегию завтрака, Алан приступил к тактике осуществления операции, завтрак. Заказывая яйцо всмятку, Адам почему-то показал два пальца.

— Не иначе, бес попутал. А зачем я взял два тоста? Да ещё творога с йогуртом? Да ладно придираться. От этого не поправляются. Сейчас пойду на море, и всё сброшу, что наел.

В борьбе и уговорах, прошёл первый завтрак. Можно было считать это ничьей.

Где-то побеждал разум, но и желудок, тоже не слабый противник. Особенно, когда на его стороне, повара и продукты.

Алан позорно бежал с продуктового поля боя, но гордясь собой, не взяв ничего в дорогу. Ему казалось, что все смотрят на него осуждающе.

— Выслужиться хочет, гад. Мы значит плохие, а он один красавец.

— Да никто и не смотрит на меня. Им всем, просто наплевать. А вот яблочко мог прихватить. До ужина ещё столько часов. Терпеть и не жрать. Мы же договорились.

В сомненьях и раздумьях, Алан вернулся в свой номер и переоделся для посещения Мёртвого Моря. Помимо плавок и большой широкополой шляпы, предмет особой гордости, он одел специальные пляжные сандалии, которые могли предохранить ноги от острых кристаллов морской соли. Намазался кремом от загара с макушки до самых пяток. Полотенце и тонкая рубашка с короткими рукавами, довершала этот, подготовительный процесс.

В лифте, он ловил на себе, странные взгляды. Он понимал, что дело в шляпе. Алан купил эту шляпу по настойчивой рекомендации косметолога, которая долго прижигала его лицо, пострадавшее от прошлого пребывания на Мёртвом Море.

Шляпа была с широченными полями, с двумя окошками на макушке, прикрытыми сеточками и шторками, которые могли прикрываться или наоборот открываться и торчать как ушки. Шляпа была дорогущая, но после недолгого колебания, Алан её купил. То, что она вызывала веселье в народе, было не совсем приятно.

— Да чёрт с ними. Главное, что моя шкура, останется не опалённой.

Когда он уже совсем подошел к морю, то увидел повсюду песок. В прошлые разы, когда он был здесь, везде были кристаллы соли, которые больно кололи подошву. Без обуви он не мог прости и трёх шагов.

— Вот здорово! Навезли песку немеряно, — обратился Алан к мужчине на соседнем лежаке.

— А вы видно давно здесь не были. Теперь на всех пляжах песок.

— Здорово! И можно в воду входить босиком᠎о

— Конечно можно, идите смело.

Алан послушал совета бывалого человека, и оставив обувь, пошёл к морю. Дно было песчаное, правда попадались какие-то приличные каменюки, но вода была прозрачная и всё было видно. Народ стоял кучками, общался и приседал. Эти движения заменяли привычное плавание. Народ макался в воду, заодно поливая плечи. Новички пробовали плыть, но видя всеобщие насмешливые взгляды, переходили к всеобщему приседанию и обмакиванию. Майское солнце светило без ярости, мягко грея настрадавшуюся по жизни публику. Люди, часами стояли по пояс в воде, и общались.

Земля Обетованная

Алан пару раз по полчаса мок в солёном море, но потом ему стало скучно.

— Пойду в отель, а то сейчас засну на солнце.

По дороге, попался какой-то магазин.

— Может пойти посмотреть? Потом вернуться в отель и испробовать все местные процедуры.

Магазин был большой, в два этажа, внешне напоминавший большую карусель. На входе стоял грозный охранник, который не пропустил Алана, обвинив последнего в том, что на нём не надета рубашка. Алану было лень спорить, да по большому счёту, ему ничего в этом магазине не было нужно. Он был там в прошлый свой приезд. Есть ещё один торговый центр побольше. Он тоже там был. Ничего интересного для себя не нашёл. Всё остальное пространство на побережье, занимали отели. Там кормили, развлекали и продавали в своих магазинчиках, всякие сувениры и косметику. В торговом центре, похожем на карусель, на втором этаже продавали бриллианты. Поскольку у Алана, не было с собой девушки, которая любит бриллианты, то этот магазин его не интересовал.

Он вернулся в свой номер, смыл соль Мёртвого Моря и отправился в отделение СПА процедур.

При входе выдавали большие банные полотенца и можно было взять белый махровый халат, оставив небольшой залог.

Подхватив чистое, ещё теплое полотенце он устремился в сауну. В небольшом предбаннике были две двери одна вела в парилку сухую, а другая с паром. Решил опробовать с паром.

Там не было ни души. Через несколько минут и Алан ретировался. Удовольствия никакого. Горячо и влажно. Сауна так же поразила его, отсутствием любителей попотеть. Вчера народ лез, словно там раздавали талоны на питание, а сегодня полное безразличие. Он потел в одиночестве. Появился его спутник по отелю.

— Приветствую, Алан.

— Взаимно. Простите, я не помню вашего имени.

— Я Михаил. Наверное, я не представился.

— Неважно. Как вам на Мертвом море?

— Я приезжаю каждый год, на 10 дней. Я лечусь.

— Понятно. И помогает?

— Даже очень. Я даже на море не хожу. Я гуляю. Здесь такой климат, что мне хватает на год. Я сам живу в России, но у меня здесь сын и внуки.

— А что же вы не переедете сюда? Будет дешевле, чем ездить из России.

— У меня там бизнес. Вот и мотаюсь то сюда, то туда.

— Понятно. Не просто.

— Это уж точно. Не просто.

Говорить больше было не о чем, и Алан отправился опробовать бассейны. Один находился на улице, и был достаточно мелкий и тёплый, второй внутри помещения и попрохладнее. Оба с солёной морской водой. Он побывал в обеих. Оставались ещё две ванны джакузи, но там всегда были люди. Делать было больше нечего. До ужина ещё далеко. Оставалось пойти в номер и вздремнуть.

Ужин прошёл без новых и волнительных изменений. Всё те же лица. Всё те же блюда. Понятно, что и ужин – это испытание на человеческое мужество. Далеко не каждый может устоять перед соблазном, надеяться досыта и чего-нибудь в придачу унести с собой. Тут даже самые стойкие ломаются.

После ужина делать нечего. В холле предлагался какой-то концерт. Алан немного послушал и ушёл.

— Проще было устроить вечер художественной самодеятельности, из отдыхающих в отеле. Явно, было бы повеселей.

Земля Обетованная

Оставался телевизор и компьютер, скоротать вечерний досуг и сократить ожидание, до утреннего завтрака.

Вечер прошёл с телевизором и дующим холодом, мазганом.

Все последующие дни мелькали с предсказуемым однообразием и наступил день отъезда.

— Уже? Пора уезжать? Вроде надоело, но было неплохо.

Алан спустился с чемоданом на первый этаж и сдал ключ на ресепшен. Следующий заезд толпился вокруг, ожидая поселения. Алан их понимал.

Подошёл автобус, который привозил их группу на Мёртвое Море. Он возвращался домой, засыпая и просыпаясь в комфортабельном автобусе.

Хорошо дома, но наверно неплохо, иногда из него уезжать.

Шимон Гарбер

Еврейское Счастье

Эту историю рассказал автору некий Лев Дубов. История была колоритная и автор решил сохранить её в том виде, как услышал от рассказчика.

Уж эти мне, евреи! Такой знаете ироничный народ. Любят, знаете, всякие шуточки и хохмочки про себя рассказывать. Вот "еврейское счастье", из этой же области. Лучше много смеяться, чем недолго горевать.

Есть у меня друг. Близкий такой человек. Такое случается. По случаю праздника семейного у друга моего, решил я сделать другу подарок. Так бывает между близкими друзьями. Переписываемся, помогаем чем можем. Друг живёт далеко, в другой стране. Но это сегодня не проблема. Есть Скайп. Так, знаете, даже удобнее общаться. У друга скоро день рождения. И не просто, а такая круглая дата, дай Бог нам с вами дожить. Поехать не получится, а подарок послать надо.

Какой подарок дарят сегодня. Евреи дарят деньги. Человек сам решит, что ему нужно, а вот деньги всегда пригодятся. Деньги дарят на всякие торжества. Приходят в гости с конвертом. Пригласили на свадьбу, в ресторан, на пикник. Принеси конверт, но не пустой, и будешь приличным гостем. Сколько надо положить в конверт?

Тут тоже есть традиции, а также сколько не жалко, от щедрого сердца. Словом, от каждого, по возможностям. Я решил отправить подарок в $500. Много это или мало? Зависит какой друг. Мой друг бесценен. Добрый, умный и весёлый. Чего и вам желаю. Надо сказать, что живу я в Израиле, в небольшом городке. Улицы идут, вверх или вниз. Наверху находится почта, банк, мой парикмахер. А я живу внизу. Так что, для меня, всегда вверх. Полезно для здоровья.

По средам, в нашем городке базар. Народ с утречка тянется с тележками, набирает всякой фрукты и зелени и тащит всё в свою нору. Я как все. Но сегодня мне ещё надо валюты прикупить. В городке несколько пунктов обмен валюты. Один, понятно наверху, на горе. Захожу.
— У вас доллары имеются?
— А то!
— Беру 500.
— С вас ... шекелей.
Расходимся красиво. Я с валютой, и они не в накладе. Один, приходит продаёт, другой, приходит покупает. А они посередине. Вот такой бизнес. Это ещё во Втором Храме, менялы сидели и наживались. Пока Христос, не пришёл. Столы перевернул и всех их разогнал.

Есть валюта. Теперь вопрос как отправить. Звонок другу.
Поговорили о том, о сём. Есть для тебя подарок. Как говорю, валюту тебе передать?
— А по Пей-Палу. Есть такая платёжная система.
— Да я слышал. Но у меня все карты, работают только в Израиле. А для этого Пей-Пала, подавай карту международную. Была одна, дык я её потерял.
— Ну тогда через Вестерн Юнион. Это международная компания. Даёшь деньги, платишь за перевод и всё. Называешь имя, фамилию кому отправляешь, страну, а взамен получаешь номерок, как в бане. Диктуешь номерок, кому посылаешь, а он по номерку и денежку получает. Всё просто.

Ладно. Отношу домой фрукты, овощи с базара. В Израиле

фиеста в чес дня и заканчивается в четыре, после полудня. Ничего не работает. Кушают и отдыхают. Это правильно. Наелся, какой из тебя работник? Тут надо подремать, часок другой. Я как все. Нечего высовываться из народа. Поел, поспал. С новыми силами иду вверх, на почту. Она на самом верху. Немного запыхавшись, подхожу. А она закрыта. Чего?

— А вот сегодня короткий день, оказываются есть и таки – только до часу. Приходите завтра.

Эти израильтяне… По субботам не работают. По праздникам, а их немало, не работают. Будний день. Нет, только утром.

Поминаю всех, кого не очень любил, иду вниз.

— А чего делать то? Надо позвонить всем своим. Может у кого-то есть этот Пей-Пал? Я ему баксы, а он переведёт. Всех обзвонил. Никто этого Пей-Пала не знает.

У нас ещё есть одно небольшое отделение почты. Работает один человек. Всё равно иду мимо. Надо зайти посмотреть расписание. Подхожу. Открыто.

— Ай как хорошо! У вас есть Вестерн Юнион?

— Да! Есть.

— Это надо же. Еврейское счастье. Вот $500, отправьте побыстрее.

— Мы не можем покупать $$$.

— ???? И чего делать?

— Вы принесите шекели, купите у нас $$$. А мы их пошлём.

— А я хочу свои, кровные, купленные сегодня, $$$ послать.

— Нет, идите продайте, принесите шекели, купите $$$, а мы их пошлём.

Немного не в себе от такого разговора, выхожу на улицу. А здесь, неподалёку, новый пункт обмена валюты открылся. Захожу.

— Здрасте. Купите $$$?

— Да пожалуйста. Сколько у вас? 500? Сколько пишем, два в уме. Получается вот такая цифра. Согласны?

— Если честно, то нет. Всё равно давайте. Я пойду покупать $$$. На почте.

— Здрасте! Я вернулся! Хочу купить $$$ и отправить.
— Это можно! Куда хотите отправить?
— В Чехию.
— Куда, куда? Мой компьютер не показывает такой страны. Как это пишется, на английском?
— Чёрт его знает. Может Chech. Нет так в Чечню получается.
— Мы не можем отправить ваши $$$. Компьютер не даёт.
— Вы до скольких открыты. Я сбегаю домой. Вроде там у меня записано.
— Бегите. Мы закрываемся через час.

Очумело выскакиваю на улицу. Рядом обменный пункт валюты, где я только что продал эти…$$$. Забегаю.

— Ребята! Помогите! Как на компьютере найти эту … Чехию? На почте не знают.

Ищут, советуются. Сомневаются.

— Нет. Мне точно надо. А то пойдут мои $$$ на помощь Чечне.
— Вроде Czech.

Иду на почту. Меня уже все в очереди знают в лицо. Пропускают.

— Ну! Узнал, как написать Чехия? Показываю бумажку с написанным. Недоверчиво стучит по клавишам.
— Так это —Чехия!

Вся очередь аплодирует. Работница почты, с просветлённым лицом печатает квитанцию. Выкладываю, честно купленные шекели, в обмен на проданные $$$. Покупаю $$$, которые можно отправить в Чехию.

— Ребята, налейте хоть кто-нибудь. Счастье-то какое! Еврейское!

Шимон Гарбер

ИМКЯ

Пятница. Солнечное утро, и уже жарко.

Когда надо куда-то ехать кажется, что Израиль уже и страна не такая маленькая. С самого севера на самый юг, часов 6-7 проведёшь за рулём. И это без остановок. Страна современная и ухоженная. Красивые дома в зелени, хорошие автомобили, хорошие дороги. Железная дорога и автобусные маршруты. Дорога предстояла не близкая, на Иерусалимскую Международную Книжную Ярмарку. Это его вторая поездка. Но если в первый раз он побывал на книжной ярмарке в качестве любознательного туриста, то в этот раз, он уже не новичок, а полноценный участник шоу.

Вещи давно собраны, остались мелочи. Сначала надо добраться до узлового города, где пересекаются множество дорог. Отсюда идут автобусы во множество городов страны. Там же строиться станция железной дороги. Дорога длинная, всё вместе часа четыре. Автобусы современные комфортабельные. Судя по виду из окна, весь Израиль строит дороги, мосты, виадуки, тоннели, железные дороги, города и посёлки. Везде работает техника. Леса, поля и вдруг город. А это вовсе и не город, а индустриальная зона. Стоят современные здания из стекла и бетона. Хай-Тэк. Ну и конечно большие торговые центры.

Сегодня народу мало. Оно и понятно. Пятница, а Израиле, в большинстве случаев выходной день. Ну а уж если кто-то и работает, то половину дня.

Земля Обетованная

В течении часа автобус кружился по различным небольшим пригородам, собирая пассажиров, а затем на экране появилось объявление, что следующая остановка: — Иерусалим, центральная автобусная станция.

Два чемодана, большой с книгами и маленький, со всякими необходимыми в дороге вещами, в багажном отделении автобуса. Рюкзак и тубус с плакатами вместе с Адамом, в полупустом автобусе. Впереди столица Израиля, Иерусалим.

"Ненавистный город, Ершалаим..."
                    Понтий Пилат... М. А. Булгаков

В отличие от Прокуратора Иудеи, желание и стремление попасть в Иерусалим, обуславливалось участием в Международной Книжной Ярмарке.

Наш герой, Адам был писателем, о котором один из его почитателей, так никогда и не оплативший долг за приобретённую книгу, высказался что называется от души: — Хорошо известный в малочисленных кругах.

Это было обидно, хотя и справедливо. Поскольку весь литературный мир переживает кризис от современного цифрового сообщества, тем не менее: — сначала было слово... и дух божий витал над пишущей братией. Как говорят друзья всяческих людей, на такой большой и такой грешной планете, англичане: — Если хочешь, чтоб тебя услышали, дуди в свой горн.

Это было хорошо во времена оные, когда почтальоны гарцевали на лошадях и подскакав к какому-нибудь замку, дудели в свой горн. Результат, предсказуем.

Осознав сию нехитрую премудрость, Адам решил продудеть всему миру о своём желании быть узнанным и приобретя место на вышеописанной Книжной Ярмарке, начал осваивать пространство земли, с великого и немыслимо древнего города, Иерусалима. Мысль проста: — Если мы не за себя, то кто за нас°

Рейсовый автобус въезжал в город. То, что город еврейский, любой, даже самый нейтральный в мире человек, опознал бы немедленно. И не просто еврейский, а ещё чрезвычайно религиозный. Местное население выделялось однообразием формы в одежде. Мужчины — люди в чёрном. И не просто в чёрном, но в соответствии с вековыми традициями, чёрные пиджаки, брюки и круглые высокие шляпы, а вот рубашки белые. Возраст значения не имел. От самых маленьких, таких забавно комичных в своих одеяниях, до самых глубоких стариков. Это единообразие, иногда разбавлялось мужчинами без пиджаков и шляп, но с неизменным маленьким головным убором, называющимся, кипа.

Женщины были одеты менее экзотично, и более разнообразно. Объединяло всех длинное до пят платье и эдакий тюрбан из головного платка, в обязательном порядке, закрывающем волосы от нескромного взгляда.

Древний народ и его традиции

Автобус двигался в постоянных пробках, пробираясь сквозь кварталы религиозных евреев. Иерусалим, за много веков до рождения Христианского мессии Христа-Иешуа, был столицей еврейского государства. Их оттуда и раньше изгоняли подчистую, завоеватели. Но евреи упорно возвращались в свой священный город и возрождали его буквально из пепла, вновь и вновь. Римляне — язычники, захватившие Иудею, изгнали из страны

Земля Обетованная

население поголовно, запретив постоянно восстававшим евреям, проживание в этой, завоёванной стране. Новых рабов вывозили в кандалах, для работы в Римской империи и прославления Римского могущества.

Во время дальнейшей двухтысячелетней истории еврейского народа, сохранилась религиозная мечта, вернуться на землю предков и Иерусалим, как духовный религиозный центр. Каждый год, в течении двух тысяч лет, в определённый день произносилась молитва, завершающаяся словами: ——...в следующем году в Иерусалиме. Именно туда должен прийти Миссия, который освободит еврейский народ от рассеяния, соберёт их на землю Святую и тогда воцарится мир на всей земле.

Понятно, что в те далёкие времена, нерелигиозный человек просто не мог существовать. Религия предписывала правила и обычаи. Основной постулат веры, состоял из известных десяти заповедей. Христиане, а через шесть веков и мусульмане восприняли, а затем интерпретировали под свои воззрения основные постулаты, обычаи и традиции иудейской религии.

Сама, изначальная если хотите "декларация" о поведении в человеческом обществе, претерпела множество толкований, обоснований и объяснений так, что многочисленные написанные тома, предписывали каждый поступок и каждый вздох. Тора, а за ней Новый Завет, а затем и Коран требовали следованию толкования мудрецов, изучавших Святые Тексты из века в век. Множество толкований, поражало множество течений, подчас противоречащих друг другу. Подобная ересь вызывала немедленную реакцию и требовала уничтожения верующих иначе. Это легко объяснялось не только (вернее не столько) религиозным фанатизмом, но и страхом потери возможностью управлять людскими массами, а, следовательно, и финансами, и властью.

Шимон Гарбер

Евреи, основатели религии единобожия, были замкнуты в различных гетто, без единой надежды на изменение своей судьбы, уповали только на своего Бога, и были готовы на любые мучения и смерть, в надежде обрести вечность в мире ином. Именно за это, они были ещё больше ненавидимы и презираемы.

Иерусалим

Автобус прибыл на центральную автобусную станцию столицы, и толпа народа устремилась на выход. Перед дверью, ведущей на свободу, все вещи прибывших проходили через сканер. Адам этого не ожидал и был сконфужен. Поскольку он не летел на самолёте и не отправлялся на поезде, то полагал, что никакого контроля будет. Поэтому он положил в чемодан некоторые колющие и режущие предметы. Штопор для открывания бутылкой с вином. Это всегда могло быть проблемой и приходилось бегать, объяснять зачем. Это создавало дополнительные проблемы и замедляло процесс. Второе, он положил в чемодан острый, произведённый на Корсике, складной нож. Адам понял, что он попал. Мимо тренированных израильских охранников, ничего не проскользнёт. Он подошёл к сканеру и попытался уложить на двигающуюся ленту транспортёра свои многочисленные вещи. Большой и очень тяжёлый чемодан, маленький чемодан, набитый под завязку рюкзак и тубус с плакатами. Крышка от тубуса открылась и оттуда едва не вывались скатанные в трубку плакаты. Большой чемодан, помимо того, что был неподъёмный, ещё и не хотел влезать в неширокую пасть сканера. Очередь терпеливо ждала, пока этот неуклюжий и странный человек не сделает свои дела и тогда, все смогут бежать по своим делам.

Земля Обетованная

Наконец, какой-то молодой парень, стоявший сзади, пришёл на помощь и негабаритный по весу и размерам чемодан уехал в глубокую пасть сканера. Адам прошёл через большой металлический сканер и ждал самого худшего.

— А что я должен сказать? Правду, что нож нужен чтоб резать колбасу, а штопор открывать бутылки с вином? Нет уж, лучше сказать, что забыл нечаянно. В лучшем случае, всё конфискуют, а в худшем возникнут множественные неприятные вопросы.

Но всё прошло благополучно, только когда уже Адам забирал с транспортёра свои вещи, один из охранников сидевший за сканером, спросил по-русски: — Откуда едем, папаша?

Адам, удивившись больше тому, что его опознали, назвал город, из которого он приехал. Больше вопросов не было, и он благополучно вышел на улицу. При выходе он увидел стенд, около которого стояла молодая девушка в форме охранницы и три припаркованные машины такси. Водителей внутри машин не было видно. На улице стояла жуткая жара. Адам обратился к девице.

— Мне нужно такси до гостиницы на улице Кинг Джордж. Облизывающий мороженое стоящий неподалёку мужчина, подошёл явно заинтересовавшийся разговором.

— На Кинг Джордж? 50 шекелей.

Адам, который накануне звонил в гостиницу и поинтересовался как до них добраться и сколько может стоить такси, получил ответ: — 30 шекелей.

— А почему пятьдесят, а не тридцать? — брякнул он и тут же пожалел о сказанном. Стояла неимоверная жара, он устал от дороги и хотел быстрее добраться до гостиницы. Но старая поговорка, слово не воробей, вылетит не поймаешь, тут же обернулась неприятностью. Скривив физиономию любитель мороженного, тут же стал вести переговоры с другими желающими.

Шимон Гарбер

— Да ладно, 50 так 50, поехали. — Но лизнув в очередной раз мороженное, торжествующий хам, отверг предложение о капитуляции, с презрением. Посадив других пассажиров, он на ходу бросил Адаму: — Рамадан. Ты это понимаешь, Рамадан. Туда не проехать.

Пока Адам вёл дипломатические переговоры с хамом — любителем мороженного, два остальных такси тоже расхватали пассажиры и Адам остался наедине с девицей, смотрящей на неприятного пассажира без всякого сочувствия.

— Это что? У вас так принято в Иерусалиме, облапошивать дураков? И как мне теперь добираться до моего отеля?

— Иди на автобус номер 47.

— Как я залезу в городской автобус с моим багажом, ты что? Не видишь?

Она презрительно отвернулась, явно показывая, что это его проблемы. Неподалёку впереди освободилось такси. Адам рванул навстречу, со всеми своими чемоданами. Тот благожелательно остановился и уже научённый горьким опытом Адам, не задавая лишних вопросов, помогал уложить вещи в багажник.

Такси двигалось в сплошном потоке машин и людей. Город был явно перенаселён, а прибывшие со всего мира туристы, вносили посильную лепту в его, и без них, шумящее столпотворение. Никаких признаков грозного Рамадана, мусульманского праздника, Адам не заметил и тихо радовался скорой встрече с заказанной и уже оплаченной гостиницей по названию, Лев. Само слово к царю зверей отношения не имело. На иврите — это означало сердце. Водитель что-то заговорил, но поскольку словарный запас Адама ограничивался несколькими удобными комбинациями слов: — Сколько это стоит? Или — где туалет? Водитель перешёл на невообразимый ближневосточный английский.

Земля Обетованная

— Кинг Джордж, высоко идти. Другая улица, мало идти.

Изложив простую истину, он остановил такси и вытащил из багажника чемоданы.

— Туда идёшь, отель Лев.

— Куда туда? А вход то где? Чего ты меня не довёз? Сколько стоит?

На все эти вопросы, водитель подумав ответил: — 40 шекелей.

Получив банкноту в 50 шекелей, он махнул рукой вдаль и уехал, решив, что сдачу давать, это себе дороже выйдет. Адам покатил чемоданы в указанном направлении, проклиная Ближний Восток, его обитателей и жару. Пройдя через всю пустынную площадь, Адам обнаружил вход в отель Лев.

При входе за стойкой сидел охранник, а вдали за стойкой ресепшен восседала молодая девица.

— Здравствуйте, у меня есть резервация, Адам Гардов.

Девица долго лазила в компьютере, попросила паспорт и в конце концов радостно сообщила, что да, всё правильно, но надо ещё заплатить налог в размере 19% от общей стоимости проживания.

— Вот если бы у вас был иностранный паспорт, то налог платить не надо. А у вас паспорт израильский, значит платить надо. Дайте кредитную карту.

Адам протянул кредитную карту и зачем-то поинтересовался сколько денег с него возьмут. Такой вопрос привёл девицу в жуткое замешательство.

— Вы хотите знать в долларах или шекелях.

— Вообще лучше в шекелях, — решил Адам.

Это ещё больше осложнило задачу и на помощь была призвана старшая девица. Они вдвоём принялись колдовать за компьютером и ещё пытались сосчитать при помощи телефона. На стенке висела небольшая доска с перечнем валют и курсом сегодняшнего дня. Примитивно грубое умножение на четыре, давало в уме искомый результат, но девицы не искали простых решений. Адам, уставший от бесполезного ожидания и руководствуясь чувством голода и здравого смысла, вмешался, стараясь решить более существенные проблемы.

— Мой номер готов? Могу я поселиться сейчас?

Пока старшая искала ответ на первый сложный вопрос молодая куда-то звонила и с кем-то вела неспешную беседу.

— Нет, пока ваш номер не готов, но вы можете оставить вещи, а сами посидите на диване. Может через час, ваш номер уберут.

— Хорошо. Я оставлю вещи. А где тут у вас магазины? Я хочу купить какую-нибудь еду. Завтра суббота и как я понимаю, всё будет закрыто.

— Всё уже будет закрываться в два часа сегодня, а завтра шабат.

Слово шабат, святой день в иудаизме, означающий субботу, предписывал, что согласно религиозным законам, работать запрещено и нарушители могу получить серьёзный штраф, а то и лишиться лицензии "кашрута". Религиозная организация, выдающая лицензии соответствия данной организацией норм и правил, предписываемых в религиозных законах. Адам понял, что если он сейчас же не отправиться на поиски съестного, то ему придётся поститься до воскресенья. Время на часах показывало час дня.

Земля Обетованная

Знакомство с Иерусалимом

Адам понимал, что ему надо спешить, если он не хочет принудительного и длительного поста, до утра воскресенья, первого официального рабочего дня в Израиле. У него был один час, для того, чтобы найти и купить то, что можно съесть, при условии, что реальной кухни нет. А как указано на сайте отеля, в его номере есть "китченет", состоящий из холодильника, микроволновой печи и электрочайника. Не густо, но Адам отказался от полноценного питания, не надеясь на собственную силу воли. Питание предлагалось два или три раза в день и Адам не однажды, попадая в ловушку предложения отведать широкий ассортимент горячих, холодных блюд и десертов, каждый раз давал себе слово, просто попробовать немножко, ну буквально по чуть-чуть. Борьба между разумом и желудком, всегда заканчивалась победой последнего. Адам, многие годы вёл борьбу с излишним весом, с переменным успехом. Постоянно сидение за компьютером, способствовало поражению, несмотря на различные спортивные снаряды, которые Адам натащил в квартиру.

Вот если бы он основное время проводил за упражнениями, а часть времени уделял компьютеру возможно результат был бы иной. Стараясь уравнять шансы, Адам выработал систему питания, которая поддерживала статус кво, и не отнимало драгоценного времени на готовку.

За оставшийся час времени, надо найти что-то, что смогло бы насытить и не требовало никакой готовки, кроме кипячения воды в чайнике

— Где я могу оставить чемоданы, а потом скажите куда мне идти искать еду.

— Везите сюда свои чемоданы, у нас есть место.

Она открыла замок на небольшой двери под лестницей.

Открылся крохотный чулан, где уже находилось несколько вещей. Адам загнал свои чемоданы, рюкзак и тубус, заполнив всё пространство чулана, при этом треснулся несколько раз головой, стараясь разместить свои вещи в чуланчике.

— Всё. Говорите, в каком направлении мне лучше идти, а вернее бежать.

— Выходите из отеля, поворачиваете направо и идёте вниз по лестнице. Выходите на улицу, которая и есть улица Кинг Джордж. Переходите на другую сторону, идёте налево. Там очень много различных магазинов.

Адам, больше не рассуждая, вышел на улицу, повернул направо и только теперь, увидев многоступенчатую лестницу, понял почему таксист привёз его, с другой стороны. Он вряд ли смог бы подняться со своими чемоданами по этим многочисленным ступеням.

Улица Кинг Джордж

Это была удивительная улица, в той её части где находился в данную минуту Адам. Она была чрезвычайно наполнена людьми и магазинами. Каждая дверь была входом в какое-то заведение. Как и все города, популярные у туристов, многочисленные магазинчики предлагали различные товары или услуги. Их было буквально сотни. Но чем дальше он шёл, тем чаше посматривал на часы, понимая, что время уходит. Пробьёт два часа дня и как в известной сказке, всё исчезнет и пропадёт.

Земля Обетованная

Ему нужен был простой продуктовый магазин. Купить продукты на сегодня и на завтра, поскольку до утра воскресенья наступит заколдованный мир. Неожиданно на перекрёстке с другой улицей он увидел магазин-пекарню, предлагающую широчайший ассортимент выпеченных изделий. Этот вид продукции пользовался у израильтян необычайной популярностью. Много мучного и сладкого, и никто не заморачивается полезностью такого питания.

Адам, отдавая себе отчёт, что может сделать данная продукция, с его и так не очень стройной фигурой, соблазнился не ассортиментом выпечки, а готовыми салатами в прозрачной упаковке, один из которых с лёгкостью подойдёт для сегодняшнего ужина, а второй, для завтрашнего. Выбрав салаты Адам отдал их одной из продавщиц и протянул деньги за товар, но та стала убеждать его прикупить немного разных булочек: — А как вы будете кушать салат без булочек?

— Нет, я привык так. А здесь есть недалеко супермаркет?

Она показала ему направление, прибавив что туда идти минут 10.

Адам уже бежал, потряхивая пакетом с салатами. Супермаркет, если его можно так назвать, оказался большим невзрачным магазином, с ограниченным ассортиментом, но набитым покупателями.

— Ладно, капризничать нечего. Надо брать, а то и этот закроется.

Он пробежал по рядам, ухватив упаковку нарезанной ветчины и такую же упаковку сыра. Учитывая, что в номере есть чайник и банка растворимого кофе, не считая бутылки вина, задача обеспечения продовольствием была выполнена. Прихватив ещё небольшую булку, он рассчитался и довольный отправился в отель. Номер уже был убран и Адам получив ключ, открыл дверь своего нового жилья на ближайшую неделю.

Шимон Гарбер

Номер был неплохой. А при условии вместительного холодильника и микроволновой печи, даже отличный. Бутылка приличного вина, салат и подогретые бутерброды с ветчиной и сыром, шли на ура. Телевизор показывал разные каналы, скрашивая трапезу и время летело незаметно.

Адам проснулся посреди ночи, от резкой боли в животе. Недолгие раздумья привели к логичной мысли, что такие последствия смогло вызвать употребление ветчины, вкупе с сыром. Все остальные ингредиенты, принимавшие участие в трапезе, подозрения не вызывали. Решение было простым, но болезненным. Выбросить обозначенные продукты, тем самым, сузить ассортимент блюд, до салата и чая.

— Жить впроголодь, лучше, чем корчиться от боли, — разумно решил Адам. — Больше спать и меньше двигаться.

Промаявшись животом до утра, он решил позавтракать пустым чаем. Такое радикальное воздержание, принесло плоды и полудню он решил отправиться на разведку и выяснить как попасть на книжную ярмарку, ради которой он и приехал.

Шабат

То, что суббота или как это называется на иврите, шабат, является священным днём становиться ясно, когда выходишь на улицу. Улица, под названием Кинг Джордж, была безлюдна и пустынна. Было закрыто абсолютно всё. Адам слышал о том, что нарушители подвергаются суровому штрафу, а то и лишению лицензии. Этот день должен быть предназначен молитве. Одна из десяти заповедей, просто и ясно предписывает: —...а на седьмой день, никакой работы не делай. Этот день отдай Богу. Молись соблюдай заповеди...

Земля Обетованная

Учёные мудрецы, а таких среди евреев было всегда много, после многочисленных веков раздумий и споров, пришли к радикальному решению.

— Всё, кроме молитвы считается работа. Поэтому, нельзя зажигать свет, готовить или греть пищу, открывать ключом двери, включать или выключать свет, сливать воду в бачке унитаза и вообще всё нельзя...

Такое ограничение, создавало немыслимые сложности в современном мире, но, когда это касается вопросов веры, все соображения необходимости и целесообразности, значения не имеют.

Адам вышел на улицу, предварительно расспросив девушку за стойкой регистрации, как пройти к месту проведения выставки.

— А вы знаете, что там всё закрыто?

— Я конечно это понимаю, просто есть время спокойно прогуляется, поскольку завтра уже надо быть там рано.

— Понятно. Вот смотрите. Идёте вниз и поворачиваете направо, и идёте, идёте, идёте. Это улица Кинг Джордж. Она переходит в улицу Мале Ха Абоним. Вот видите, — она показала на маленькой карте, — идёте дальше, и вот здесь, Тахана Ракевет Ришона. Вам туда и надо.

— Действительно просто. Всё время прямо. А сколько по времени, туда идти?

— Где-то около получаса.

Адам решительно отправился в указанном направлении. Вчера он тоже бегал по этой улице, но только в другую сторону. Направо тоже были сплошные магазинчики, правда все закрытые в честь субботы, но и они вскоре закончились и появились шикарные здания гостиниц и синагог. Дальше располагались большие зелёные парки, со скульптурами и фонтанами. Улица была безлюдна, только изредка встречались группки, одетые в традиционные одежды для молитвы. Шабат.

Даша

Каждый день. Адам отправлял своему партнёру, коллеге и сотоварищу по группе, Даше Польской. Она, как и Адам были инициаторами в создании этой группы начинающих писателей. Идея заключалась в том, что группе, объединённой единой целью, легче пробиться через стену, разделяющую авторов и издателей. Если Адам был проповедником и мотором подобного объединения, то Даша была несомненно её лидером и наиболее продвинутым и профессиональным писателем. Помимо написания большого романа, с головоломной интригой, захватывающий с первых страниц и неожиданной развязкой, он была блестяще образованна и безусловно являлась профессиональным редактором.

Их объединяла общая любовь к художественной литературе и желание добиться успеха на этом поприще. Адам относительно недавно решил посвятить себя писательству, хотя желание подспудно сопровождало его долгую и непростую жизнь. За последние два года, работая по много часов каждый день, он умудрился написать несколько книг и две из них перевести на английский язык.

Даша, человек несомненно талантливый, но принципиальный и обстоятельный, писала свой роман, более 10 лет. Но зато это было, твёрдо сшитое, выверенное до мельчайших деталей произведение, которое уже было отмечено премиями и профессионалами от литературы. Адам, полная противоположность, писал быстро, что называется легко, стараясь сохранить простоту и занимательность повествования, полагая что современному читателю, в век сплошной компьютеризации, нет ни времени, ни желания проживать месте с героями сложные и длинные перипетии и интриги. Серию да, кусочек сегодня, продолжение завтра, а если будет интересно и будет время, то и на следующий день. Времена, когда люди сидели ночами над романами, влюбляясь в героев произведений и проживая чужую жизнь, но как это ни было прекрасно, но оно, это время уже осталось в прошлом. Социальные сети, объединив миллионы незнакомых людей и сделав их друзьями, на самом деле породили мир одиночек, сидящих за своими электронными гаджетами, общаясь с виртуальными друзьями, спешащими успеть обхватить необъятное. С этим можно не соглашаться и не воспринимать, но реальная объективность, диктует свои правила.

Они не спорили, понимая, что правы оба. Они подружились несмотря на громадную разницу в возрасте. Желание пробиться на литературном поприще, и предложение Адама поучаствовать в Международных Книжных Ярмарках, Даша поддержала горячо. Было решено для начала, готовиться к ближайшей книжной выставке, которая должна состояться в Иерусалиме, Израиль.

Тахана Ришона Ракевет

Звучит завлекательно, а переводится как Первая Железнодорожная Станция.

Была построена в невообразимом 1892 году. Никакой железной дороги там уже не существует, но остались остатки рельс и деревянное строение вокзала. Изобретательные израильтяне превратили её в некий Диснейленд со множеством аттракционов и ресторанчиков. К этой бывшей станции пристроили современный выставочный павильон, и вот здесь и проводятся различные выставки. Этот комплекс привлекает множество людей, особенно по вечерам. Звучит музыка, ресторанчики переполнены любителями израильской кухни и выставки работают до 23:00. Это довольно продолжительный рабочий день, для тех, кто занят на выставке, но атмосфера всеобщего праздника, сохраняется.

Вот сюда и привели Адама, поиски места, где с завтрашнего дня начиналась Иерусалимская Международная Книжная Ярмарка. А сегодня всё было закрыто, кроме ресторанов, магазинов и аттракционов. Несмотря на субботу, народ гулял, развлекался ел и пил. Всем было весело.

Было ясно, как завтра сюда добраться и Адам отправился в обратный путь. Как водится, надеясь на свою память, он заблудился. Хорошее в этой истории было то, что, отклонившись от верного пути, он наткнулся на хорошо знакомый сетевой магазин продуктов, имевший отделения по всему Израилю. Поскольку проблема питания, не была решена, находка оказалась очень кстати. Правда, в связи с Шабатом, магазин был закрыт, но появилась ясность, где можно купить привычные и проверенные продукты.

Адам благополучно добрался до отеля и занялся подготовкой к завтрашней выставке. Тяжёлый чемодан с книгами, тубус с плакатами и рюкзак со всякими нужными вещами, были сложены. На стойке регистрации он узнал на каком автобусе он сможет доехать до найденного места. Первым рабочим днём недели в Израиле считается воскресенье. Выставка начинала работать в этот день с 18:00 и до 23:00. Утро было необходимо для организации выставочного места.

Закончив с приготовлениями, он съел оставшийся овощной салат, запив оставшимся вином. Знание где можно купить знакомые и проверенные продукты питания, позволяло с уверенностью смотреть в завтрашний день.

Первый день на выставке

Самый первый выставочный день, в соответствии с порядком, означенным организаторами выставки, начинался с 18:00 и до 23:00. При этом, частникам выставки предлагалось прибыть с утра пораньше и заняться организацией рабочего места.

Завтракать особо было нечем и попив чаю с привезёнными из дома орешками и тыквенными семечками, он отправился покорять читательский мир.

Увидев нужный номер автобуса, Адам потащил набитый под завязку книгами чемодан, а также тяжеленный рюкзак и большой тубус с плакатами. Городской автобус, переполненный народом, рванул с места. Адам едва удержался на ногах чтоб не навалиться на соседей со всеми своими вещами. Иерусалимский водитель городского автобуса, не заморачивался проблемами пассажиров. Движение было плотным, и он должен был укладываться в график. Минут через пятнадцать такой экстремальной езды, Адам увидел знакомую заправочную станцию, которую запомнил, как ориентир, со вчерашнего дня. Он засуетился и рванул к двери. Благополучно вывалившись наружу, бодро зашагал, катя за собой послушный чемодан. Пройдя мимо всех аттракционов и ресторанов, он вышел к большому павильону. На большой площади перед павильоном вырос целый город, состоящий из лотков, с огромными деревянными ящикамигробами, закрытыми на висячие замки. Надписи на уличных лотках гласили, что здесь продаются книги. Всё лотки были пронумерованы и их число перевалило за сотню. Это напоминало парижские книжные развалы, где похожие на гробы деревянные лотки, висели на парапетах Сены и закрывались висячими замками на ночь.

Пройдя мимо этого лоточного города, Адам подошёл к входу в павильон. Двери были открыты, и никто не проверял и не останавливал вновь прибывших. Было довольно пустынно. Небольшой павильон на 60 выставочных мест, где каждый оформлял свой стенд, своими материалами. На каждое место было выделено по столу-прилавку, низкому шкафчику и по паре стульев. На стенах висели металлические конструкции с узкими полочками для книг.

Адам привёз два полутораметровых красочных плаката, рекламирующих его книги. Их можно было прикрепить на стены при помощи двухстороннего скотча.

После нескольких не совсем удачных попыток, миссия увенчалась успехом и осталось выставить книги на полки.

Киоск стал выглядеть достаточно привлекательно, но Адам видел, что ещё есть пустые места и надо привезти ещё книг. В номере отеля ещё оставалось какое-то количество и Адам решил съездить за ними, благо времени было предостаточно.

Открытие выставки

Поскольку открытие выставки было назначено на 18:00, он решил поехать в найденный накануне магазина, и сделать запас на неделю. Впереди пять рабочих дней с сумасшедшим режимом по 12 часов в день. Учитывая, что готовить негде и не на чём, а кухня была оснащена холодильником и микроволновой печью, ассортимент продуктов был чрезвычайно ограничен. Он уже знал, где можно приобрести свежий овощной салат. Оставалось решить проблемы завтрака и что-то более существенное на ужин. С освободившимся от книг рюкзаком за спиной он проехал пару остановок на автобусе и увидев рекламу магазина выскочил на остановке. Магазин был и похож, и не похож, на тот, в котором Адам привык покупать продукты. Времени на рассматривание и размышление не было и он, покатив тележек вдоль аллей, укладывая в тележку приглянувшиеся продукты. Пачка гречневой крупы, упаковка кефира, немного фруктов, бутылка знакомого вина и наконец он подошёл к отделу сыров. Выбрав три вида, попросил отрезать по хорошему куску. Но что особенно привлекло внимание, это целая горячая курица на вертеле. Расчёт был простой. Вечером салат овощной, кусок курицы, разогретой в микроволновой печи, бокал вина, сыр и фрукты составят прекрасный, хотя и однообразный ужин. На завтрак, можно на ночь залить гречневую крупу кипятком, а утром разбавить кефиром, вот и завтрак готов. Упаковка яиц, вообще находка для пополнения белка в организме. Пара яиц, хорошо взбитая в стакане, на минуту в микроволновую печь, вот и омлет готов. Вопрос питания, не разнообразно, но полноценно, был решён.

Адам доехал до отеля, выгрузил продукты в холодильник, отведал горячей курицы и вернулся на выставку. Там, уже полным ходом, шла организация выставочных площадей. Адам добавил на свои полки захваченные из отеля книги и место стало выглядеть почти профессионально.

В 18:00 без всяких торжеств и речей официально разрешили входить посетителям в широко открытые двери. Вход был бесплатный, но народ не ломился в открытые двери. Вечер прошёл благопристойно, в тишине и спокойствии. К 10 часам вечера, вообще всё замерло и Адам решил уехать в отель. На завтра назначены три встречи, с агентами, занимающимися покупкой авторских прав. Надо было выспаться и подготовиться к встречам.

День второй

Вечерний ужин прошёл по запланированному сценарию. Салат из свежих овощей, куриная ножка и бокал вина с различными сырами, оказали благотворное влияние на спокойный сон. Возможно этому поспособствовала усталость, от вечерней скуки ожидания любителей литературы, в любом случае Адам проснулся бодрым отдохнувшим. Замоченная гречка, залитая кефиром, не представляла шедевра кулинарного искусства, но явно должна была принести пользу. Зарядка и бодрящий душ, сопровождаемый завтраком, настраивал на продуктивный рабочий день. Перед тем как выехать на боевое дежурство, Адам сбегал вниз, купить свежий овощной салат на ужин. Это было очень удобно упаковано в прозрачный контейнер. Разнообразные нарезанные овощи и салатные листья, к которым выдавали пару контейнеров с заправкой. Быстро, просто и вкусно. Он решил покупать это каждое утро, пока это всё свежее и хранить до вчера в холодильнике.

Первая встреча с представителем из Индии, была назначена на 11:00. Он появился с небольшим опоздаем, и они дружески пожали руки и сели беседовать. Обменялись по традиции визитными карточками. Томас, так звали визитёра, консультант для издательств и посредник при покупке авторских прав.

Земля Обетованная

Они проговорили в течении 40 минут и расстались по-дружески. Адам рассказал о своих книгах и выдал копии синопсисов. Это краткое содержание произведения, необходимый атрибут, для оценки издателем, насколько тема, может быть интересна для него. Томас обещал всё обдумать и вернутся с ответом.

Вторая встреча была с российским издателем Михаилом и прошла по такому же сценарию. Адам уже имел дело с российскими издательствами. Особого энтузиазма они не вызывали. Тиражи упали до минимума. Некогда миллионные, упали до одной-трёх тысяч. Поскольку покупательная способность населения понизилась, а иностранная валюта взлетела до небывалых высот, всё это свело к отсутствию смысла печататься в России. Там ещё осталось несколько имён, на которых издатель может зарабатывать, но эти имена можно было пересчитать по пальцам.

Третья встреча была с итальянским представителем. Оказалось, что это она, Симона. Она была молода, энергична напориста.

— Я редактор большой книгоиздательской фирмы и наше направление, молодые, но зрелые итальянские девушки и парни. Что вы можете нам предложить°

Адам быстро рассказал о своём направлении в литературе, выдал необходимые синопсисы. Она быстро, по-спортивному просмотрела, пожала руку и стремительно ушла.

Остаток дня прошёл в относительной тишине.

Шимон Гарбер

День третий

За прошедшие два дня и уже можно было составить какое-то мнение и оценить целесообразность подобного мероприятия. Помимо финансовых вложений: оплата места, отеля, проживания и транспортах расходов, было потраченное время, которое никак не оценивается. Безумный и бестолковый режим выставки: с 11:00 до 23:00, был чрезвычайно выматывающим. Но не это оценивалось для понимания происходящего. Всё решал результат. Обсуждая с Дашей предстоящую выставку, они видели это, как возможность встречи с людьми в этом интересном и огромном бизнесе. Литература, как область человеческого бытия, естественно была индустрией, где финансовая составляющая, как и в любом другом бизнесе, являлась основной движущей силой. На подобных ярмарках-выставках встречались представители бизнеса в профессии. Здесь продавались и покупались авторские права на произведения.

Авторы, за редчайшим исключением, в процессе решения бизнес вопросов участия не принимали, являясь скорее привлекательным антуражем, выступая с рассказами и подписывая книги желающим.

Адам предложил Даше, нарушить эту цепь и вместо поиска литературного агента или издательства, самим стать участниками выставки, привлекая внимание людей из бизнеса. Это было не то, чтобы против правил, но как-то не принято и финансово затратно. Но шанс есть всегда. Часто упоминаемая поговорка: — Кто не рискует, тот не пьёт шампанское, — подразумевала дорогую и красивую жизнь. Даша была с ним согласна.

— Поскольку это очень необычно, то может это и есть шанс.

Этот третий день тянулся бесконечно. К удивлению, и негодованию Адама, вся эта выставка свелась к примитивной продаже книг, чем и занималась подавляющая часть участников. Для Адама, принимающего прежде участие в различных выставках, где практически запрещалось что-либо продавать, что казалось разумным и практичным. Выставки-это для бизнеса, для профессионалов. Тот, кто хочет продавать, должен это делать на других площадках. Иерусалимская Международная Книжная Ярмарка, проводилась раз в два года и было похоже, что это была последняя попытка, сделать книжную выставку привлекательной. Результат оказался хуже, чем возможно было ожидать. Мир бизнеса её просто проигнорировал, а места, занятые продавцами книг в розничной сети, не смогли оправдать затраты, связанные с пребыванием на выставке.

Адам уже понимал, что это была пустая трата времени, не хотел расстраивать Дашу, которая возлагала на неё большие надежды.

Оставалось ещё два утомительных дня, которые нужно было пережить.

День четвёртый

Вот он и наступил, предпоследний день выставки, а вернее продажи книг.

Адаму очень не хотелось тащить обратно все эти книги, которые он привёз в надежде раздать тем людям, с которыми можно будет встретиться и пообщаться на выставке.

Волею и неразумностью руководства выставки, она превратилась в книжный базар. Никаких литературных агентов или издателей на выставке не оказалось. Руководству выставки, басни бы надо было бы русские почитать: —В одну телегу впрячь не можно, коня и трепетную лань, — надо было либо оставить выставку для бизнеса, или перевести в книжный базар, а, следовательно, так и рекламировать. Но получилось, то что получилось. Победителей не оказалось. Если бы не книжная масса, Адам уже бы свернул своё пребывание и уехал. Но надеялся, что в последний день появятся перекупщики, как это обычно бывает. Первыми не выдержали и ушли с выставки, представители издательства, Арка. Адам им завидовал, но твёрдо решил пробыть до конца.

Награда, а скорее надежда, явилась в образе молодой женщины с бейджиком от Франкфуртской Книжной Ярмарки. Он подошла к его киоску и мило улыбнулась, как делают все воспитанные и доброжелательные люди. Адам пригласил её присесть, и они разговорились. Как и со всеми, с кем Адам общался на этой выставке, разговор начался с впечатления о происходящем.

Они согласились с тем, что организована она была отвратительно.

— А чего вы ожидали на этой выставке⁰ — спросила она.

— Я полагал что здесь будут представители бизнеса и я смогу найти литературного агента, или покупателя на авторские права, — оживился Адам, при виде профессионального человека, который его понимал.

— А, так вы хотите продать права, подождите, у меня возможно кое-что есть для вас. Я сейчас вернусь. — Она так же быстро убежала, как и появилась. Вскоре она вернулась, держа в руках небольшую рекламку.

— На Франкфуртской Книжной Ярмарке, будет группа, которая создала новую компанию, по продаже и покупке авторских прав в интернете. Это старт-ап. Они уже три года на рынке и очень успешно. Здесь их координаты и вы сможете с ними связаться.

— Это же здорово, — восхитился Адам! — Это так современно. Я уверен, за этим большое будущее. Спасибо вам большое. Я буду в Октябре на Франкфуртской Ярмарке. Давайте обменяемся координатами.

Они ещё немного поболтали, и Катерина, так звали новую знакомую, попрощалась до следующей встречи во Франкфурте.

Адам тут же написал Даше о новой, неожиданной встрече и о новой надежде. Он снова поверил, что приехал в Иерусалим не зря, а Даша писала ему, что её интуиция подсказывает ей, что на этой выставке произойдёт что-то очень хорошее.

День пятый и последний

Сказать, что Иерусалимская Международная Книжная Ярмарка оказалась неудачной, это значит ничего не сказать. Из иностранных гостей, были россияне, китайцы, румыны, французы и ещё представители двух-трёх стран. Всех вместе, кто выставлялся на этой ярмарке, были числом меньше 50-и.

Первыми сдалась небольшая российская фирма, разобрав свой небольшой киоск и исчезнувшая. Вторыми была делегация, представляющая Китай. Они начали с большой помпой. Киногруппа снимала фильм о торжественном открытии Китайской экспозиции, но на четвёртый день они бежали, побросав плакаты и проспекты на поле боя.

Говорят, что для сравнения в 2015 было более 1000 выставляющихся. Соответственно и посетителей. В секции, где места были отведены для российских" книг, шесть компаний. Четыре

Шимон Гарбер

из них просто продавали книг, а две другие, Адам в том числе, сидели в ожидании людей из мира бизнеса. Адам имел в понедельник три запланированные встречи и на этом всё закончилось.

На четвёртый день случайная встреча, вознаградила Адама, за терпение.

Появился важный контакт, который возможно принесёт то, ради чего вся эта поездка была затеяна. Но это всё предстояло ещё выяснить. Тем не менее, настроение было прекрасное и возможность встречи с нужными людьми, была более чем реальной. Предстояло создать нужную и правильную презентацию, но эту уже зависело от него самого и Даши.

К вечеру выставочное место должно быть освобождено. Все книги и выставочные материалы должны быть убраны и завтра утром предстояла дорога домой.

Адам решил вывезти всё за два раза. Сначала днём сделать первую ходку в гостиницу и поздно вечером уже вывезти всё окончательно.

Всё было достаточно просто и прозаично. Многие участники выставки также готовились к отъезду и потихоньку паковали всё, что уже явно не понадобиться. Адам уложил полный рюкзак книг, оставив по одному экземпляру. Вернувшись из отеля, он застал ту же унылую картину отсутствия каких бы то ни было посетителей и решил, что с него хватит.

Упаковав всё остальное, он распрощался с соседями по выставке и решительно отправился в отель.

Рано утром предстоял путь домой.

Прошёл месяц и Адам получил письмо от устроителей выставки. Они признали, что выставка была провальной и просили высказать мнение: —...почему это произошло и что нужно сделать, чтоб следующая книжная ярмарка оказалась успешнее?

Почему письмо пришло именно ему? Возможно потому, что он ещё во время выставки написал пространное письмо устроителям, изложив своё мнение по поводу всего происходящего. Но скорее всего, аналогичные письма были разосланы всем участникам данной выставки. После недолгого раздумья, Адам решил не отвечать. Во-первых, он уже высказывался в своём письме, а во-вторых был убеждён, что после такого провала ничто не заставит довольно занятых людей поверить, что они не зря потратят время и деньги, прилетев со всех концов земли на сомнительное мероприятие. Может конечно что-то и измениться, но для этого понадобятся многие годы упорного труда. Легко потерять репутацию, а вот для восстановления нужно что-то большее чем чудо.

Шимон Гарбер

Свадьба № 2

Каждая свадьба прекрасна по-своему. В этом сборнике рассказов об Израиле, мы побываем на трех различных свадьбах, для того, чтоб лучше представить обычаи и традиции разных культур, но единую нацию, собравшуюся в этой стране. Для удобства они обозначены просто номерами.

Приглашение на свадьбу пришло по почте. «Имярек такие-то приглашают...» Число, день, место и время. Ехать надо. Во-первых, это родственники, во-вторых — это интересно. Стив уже был на одной свадьбе в Израиле. Интересно посмотреть и на другие. Вообще в Израиле свадьбы справляют широко. Приглашают всех: близких и друзей, знакомых и их друзей, а порой просто знакомых. Один из друзей Адама как-то приглашал его на свадьбу. Но Стив тогда не сумел побывать, о чём очень жалел. Невеста была из Марокко, гостей с обеих сторон присутствовало 800 человек.

Времени было достаточно для того, чтобы приготовиться и обдумать подарок и форму одежды. Если с последним и были какие-то сомнения, то с подарком в Израиле всё просто. В конверт вкладывается энная сумма денег, подписывается дарителем и всё. Можно всё это проделать при появлении в месте церемонии.

Там лежат конверты и ручки для написания пожеланий. Всё просто, понятно и разумно. Раньше тащили всякую утварь для дома, посуду и постельное бельё. Всё это девать было некуда, да и не нужно. Сохраняли магазинные чеки, специально для того, чтоб можно было сдать обратно. Возможно, это был более экономный способ внести свою лепту дарителя, но очень непрактично для одариваемых. Простые денежные знаки сегодня являются лучшим подарком. Все счастливы, довольны и смеются!

До свадьбы надо ещё доехать. Израиль - страна небольшая, но поскольку пешком не дойдёшь, приходилось организовывать транспорт. Главными были те, у кого есть права и они не пьют. Иногда, если народу из данного места собирается много, арендуют автобус. Так было и в этот раз. Народу собралось много. Старшего и юного возраста, друзья, родные и близкие. Юного возраста, подруги невесты. Жених был из другого города, а как они добирались, Стиву было неинтересно.

Автобус сделал несколько остановок, пособирал народ и направился к месту свадебной церемонии. Через час с небольшим автобус въехал на большую стоянку. Гости, высыпавшиеся из автобуса, потянулись гурьбой в сторону большого здания. Оказавшись у фасада, они увидели большой освещённый вход в зал торжеств. Несколько лифтов поднимали гостей наверх. Стив тоже вслед за толпой втиснулся в один из лифтов, и они так же дружно вышли в большой холл. Люди двигались во всех направлениях, довольно бестолково стараясь понять, куда надо идти. Стив увидел с правой стороны большой стол с разложенными на нём карточками-визитками с именами людей и номерами столов. Там стояла девушка, помогая всем желающим найти своё имя и соответственно отведённое место. Стив смело направился к этой славной девушке и назвал своё имя. Она мило улыбнулась и стала просматривать карточки. Очевидно, это не помогло, и она обратилась к списку гостей. Но, увы, и там его имени не нашлось.

— Простите, как вы сказали вас зовут?
— Стив Янг. А что, меня забыли внести в список приглашённых?

— Нет, нет. Вы не волнуйтесь. Мы сейчас разберёмся. Можно взглянуть на ваше приглашение?

— Да. Вот пожалуйста.

— Так вам не сюда, — обрадовалась она. — Это третий зал, а вам надо в первый.

— О, Господи! Так что, здесь три зала и везде женятся?

Она мило улыбнулась и вернула ему приглашение. Стив отправился искать первый зал. Холл гудел, как растревоженный улей. Оно и неудивительно. Народу было далеко за тысячу. Конечно, не все были такие бестолковые, как Стив, но многие. И все искали, куда им идти. У широкой двери первого зала, Стива встретили знакомые лица. Все были возбуждены и в приподнятом настроении, как это бывает в праздничной атмосфере. Племянник ввёл Стива в курс дела.

— Где ты есть? Уже все прошли, а ты пропал.

— Я не пропал. Я пытался пристроиться на другую свадьбу. Хорошо, что подарок не успел отдать. Но меня не пустили. Биги, говори, куда идти.

— Вон видишь мою жену Люду? Подойди, она тебе даст карточку с номером стола. А потом зайди в зал, там гостей встречают Ляна и Гриша.

Адам отправился к Люде.

— Здравствуйте, Люда. Меня ваш муж отправил сюда. Сказал, вы заведуете столами и местами.

— У Биги всегда было непросто с юмором. Вы сидите за 10 столом.

Стив зашёл в огромный зал. При входе стояла мать невесты с мужем, Ляна и Гриша, встречающие всех приглашённых.

— Ну привет! Ты уже нашёлся? А то твоя сестра волнуется.

— Привет, ребята! Я вас поздравляю со свадьбой дочери! Куда подарок девать?

Земля Обетованная

— Вот сюда, видишь?

У входа стоял большой ящик, больше похожий на сейф с широкой щелью. Входящие опускали туда конверты с подарками, поздравляли родителей невесты и двигались дальше. Гости постоянно прибывали. Стив отправился разыскивать стол под номером 10.

Когда он нашёл стол, за который ему было отведено место, он был не очень обрадован соседством. Помимо его сестры Иры и её мужа Фимы там сидели её две пожилые подружки из России. Они приехали на отдых в Израиль и жили у Иры. Та очень любила гостей и особенно готовить, и кормить всех, кто ценил её кулинарные таланты. Поскольку гости не платили ни за питание, ни за постой, то они всем восхищались и, понятно дело, были благодарны. Одна из них, Света, была спокойная и дружелюбная, зато другая, нахрапистая и нагловатая. Стив, столкнувшись с ней однажды, был невероятно возмущён её хамоватой манерой общения.

Все столы были накрыты на десять гостей. За этим столом сидела ещё какая-то пожилая незнакомая пара, и хорошо знакомый водитель-инструктор Евгений с супругой. В Израиле, независимо от водительского стажа, профессионалы и любители, все должны пересдавать вождение, причём обязательно с инструктором и на его машине. Евгений, через которого проходили все, кто сдавал вождение в их городке, был спокойный и симпатичный человек.

Стив подумал, что надо пойти и попросить перевести его за другой стол.

— Это мой брат, Стив, — представила его Ира. — А ты чего не садишься?

— Да я пойду, поищу чего-нибудь выпить.

Он вернулся к выходу, где всё там же стояли родители невесты.

— Слушай, Ляна. Кто рассаживал гостей? Можно меня перевести за другой стол?

— Ты чего, Стив? За этим столом твоя сестра и другие, твоего возраста люди.

— Вот это мне и не нравится. Там есть одна такая...

— Да я знаю. Но она какая-то дальняя родственница нашего папы. Потерпи немного. Всё равно ни одного свободного места нет.

Стив отошёл, с трудом сдерживая раздражение.

— Испорченный вечер. Чёрт с ними. Я буду просто сидеть за баром.

В зале при входе стоял большой бар. Трое барменов крутились, едва успевая наливать беспрерывно подходящим гостям. Справа от бара располагался большой гриль, на котором жарилось мясо. Желающие брали тарелки, подходили к грилю и получали свою порцию жареного мяса. На противоположной стороне зала располагался суши-бар. Две женщины готовили суши, и к ним тоже стояла очередь. От жареного мяса Стив отказался сразу. Постояв немного в очереди за суши, перешёл в очередь за алкоголем. Народу, желающего вкусить дары Бахуса, было больше, чем возможностей барменов. Стив давно усвоил: если ты в Израиле хочешь чего-нибудь добиться, будь энергичнее и веселее. Никто ни на кого не обижается, но все лезут вперёд без очереди. Кто не понял, будет стоять, как стоял.

— Аллё! Да, ты. Налей мне бокал красного вина.

Получив желаемое, он вышел из зала. Народ ещё прибывал, но так, мелкими брызгами. В коридоре стоял Биги с бокалом в руке.

— Стив, ты чего? Не нашёл свой стол?

— Увы, нашёл. Там сидит эта стерва, родственница твоего отца.

— Я знаю, о ком ты говоришь. Её никто на дух не переносит. Я говорил моей маме. Она уже сама не рада, что пригасила её в гости. Но теперь уже поздно. Давай лучше бахнем за мою любимую племянницу Эстер.

— Хороший повод, как ты говоришь, бахнуть. А может, просто и тупо нажраться?

— Дядя. Имеешь право оторваться. А ты попробовал жареное мясо? Очень вкусно.

— Это ты, Биги, большой любитель мяса, да к тому же жареного. Но не для меня. Я постоял в очереди за суши, а потом попросил просто кусочек солёной сёмги, без риса. Тётенька меня не послала, но и кусочка рыбки тоже не дала.

Делать было нечего. После первого бокала настроение улучшилось, и, получив второй, Стив вернулся к столу, от которого сбежал.

Народ шумел, закусывал, бродил от бара к закускам, и все были счастливы. Стив, видя, что выхода нет, посещал бар, а затем выходил из зала, пообщаться с племянником. После нескольких посещений настроение понемногу улучшалось. Закрылись закусочные филиалы, и в зале что-то стало меняться. На пустой сцене появились различные люди. Сама сцена преобразилась. Появились прозрачные тюлевые стены и четыре шеста с натянутой из ткани крышей. Было понятно, что это хупа. Место, где происходит процесс бракосочетания. Молодые ребята протащили от входа к сцене белую дорожку. Зазвучала музыка, и на дорожке появилась процессия. Впереди шли мальчик и девочка, красиво разодетые и осознающие торжественность момента.

Адам так засмотрелся на этих двух ангелочков, что не заметил, откуда на сцене появился жених. Он был одет, как полагается жениху, с шапочкой на голове, которую в Израиле называют кипой. В различных религиях головному убору придают исключительное значение. Евреи, христиане, мусульмане и любые другие конфессии и религии можно сразу опознать по головному убору.

Шимон Гарбер

Торжество подходило к кульминационному моменту, выходу невесты. Её вёл к хупе, как и полагается, отец невесты. Момент был ответственный и волнующий. Невеста была в шикарном, естественно, белом, длинном свадебном платье. Фата закрывала её лицо. Женщины уже вовсю сморкались в платочки и вытирали катящиеся слёзы. Было понятно, как они переживали, вероятно, вспоминая свои шаги к будущей брачной жизни. Отец невесты подвёл её к жениху и передал с рук на руки, снимая таким образом с себя дальнейшую ответственность. Со сцены разнёсся по всему огромному залу волшебный поющий голос, который читал нараспев молитвы и тексты брачной церемонии.

Надо отдать должное, что после жениха и невесты это была наиболее запоминающаяся часть всей церемонии. Этот голос сопровождал всю длинную церемонию бракосочетания. Многочисленные профессиональные фотографы снимали всю свадьбу от начала и до конца. Современный народ, оснащённый всякими гаджетами, не отставал, стараясь запечатлеть навсегда волнительные моменты. Наконец брачующиеся стали мужем и женой, и наступил другой важный элемент в брачной церемонии — танец жениха и невесты.

Надо сказать, что свадьба проходила в соответствии с еврейскими законами и традициями. Еда была кошерной, церемонию вёл раввин, кантор (человек, поющий во время молитв) сопровождал всю церемонию. Словом, всё кошерно, то есть в соответствии с религиозными традициями. Но вот танец жениха и невесты был несколько осовременен. Традиции предписывали танцы проводить исключительно по половому признаку. Мальчики танцуют с мальчиками, а девочки, соответственно, с девочками. Единственный совместный танец совершался в акробатическом этюде. Жених и невеста сажались на разные стулья, а затем, поднятые в воздух, кружились над толпой в танце, не соединяясь и оставаясь на своих стульях. Но на этой свадьбе танец жениха и невесты прошёл в современном прочтении. Это был настоящий и очень красивый танец, в конце которого жених изящно наклонил невесту, а она ещё более изящно откинулась назад. Народ в восторге бурно аплодировал.

Торжественная церемония закончилась, а гуляние только разворачивалось. На каждый стол официанты принесли по бутылке виски «Блек Лейбол» и по бутылке водки различных вкусов. Предлагалось горячее, но Стив в очередной раз отправился к бару. Его уже все узнавали и наливали красное вино в бокал. Он вышел в холл, где перекуривал племянник.

— Дядя! Как тебе свадьба?

— Свадьба шикарная. Достойные жених и невеста. А кантор пел просто волшебно.

— Они его заказывали задолго до свадьбы. Он нарасхват.

— Ничего удивительного. С таким голосом.

— А ты чего не за столом? Сейчас разносят горячее.

— Там сидит родственница твоего папы, она портит всю малину.

— Да не обращай внимания. Если на все реагировать, себе дороже.

— Ты прав. А когда придёт за нами автобус?

— Ну, это ещё не скоро. Мне говорили, часа в 2 ночи.

— Вот кошмар. Я бы уже уехал с удовольствием.

Стив вернулся за свой стол. Его сестра Ира заподозрила неладное.

— Стив, где ты ходишь? Уже всем горячее разносили.

— А он воображает, — встряла неприятная виновница плохого настроения. Стив с трудом сдержался, боясь во всеуслышание сказать, что он о ней думает. Подошла официантка.

— Вы хотите что-нибудь заказать?

— А что есть?

— Мясо, курица или рыба.

— Возьми курицу, я пробовала. Очень вкусно, — опять встряла противная.

— Принесите мне рыбу.

Рыба с овощами оказалась холодной и невкусной. Стив поковырял её вилкой, отставил в сторону и, повернувшись лицом к залу, а спиной к столу, стал смотреть на веселившуюся молодёжь. Играла громкая музыка, молодёжь танцевала, да и пожилое поколение тоже выкидывало коленца. На сцене, где проходила церемония бракосочетания, убрали хупу, и там разместился оркестр.

Невесту приглашали танцевать друзья, и она охотно, как и все, веселилась от души. Среди танцующих Стив разглядел родителей и жениха, и невесты. Сегодня их дети, давно уже живущие вместе, наконец сочетались браком. Все знали, что так и будет. Но молодые всё откладывали дату свадьбы, объясняя желанием закончить учёбу. Всё понятно, но переживания были. Слава Богу, всё закончилось прекрасной свадьбой и все были счастливы.

К Стиву подошёл муж его сестры, Фима.

— Стив, пока. Я уезжаю домой.

— А на чём ты поедешь? До автобуса ещё масса времени.

— Я еду с Евгением и Соней, его женой. Он сидит с нами за одним столом. Это инструктор, с которым ты сдавал на права.

— Фима. Я тоже хочу уехать вместе с вами. Спроси у Евгения.

Он ушёл, но вскоре вернулся.

— Если ты готов, то поехали. Место есть.

Они ни с кем не попрощались. Все праздновали и веселились, и им было прекрасно. Внизу на парковке стояла машина Евгения, все разместились в ней и поехали.

Через полтора часа Стив открывал дверь своей квартиры.

Земля Обетованная

Шимон Гарбер

Свадьба №3

Прошло какое-то время, и однажды поздно вечером, как это обычно бывает, позвонила Ира.

— Привет, братец! Есть хорошая новость!

— В это трудно поверить, но валяй.

— Нас пригласили на свадьбу!

— Опять! Они решили провести свадьбу на бис?

— Ну при чём здесь моя внучка! У нас, что, мало родственников в Израиле?

— Я знаю, что есть. Но вроде одни уже старые, а молодёжь уже все семейные.

— У нас есть двоюродный брат, так вот его дочь решила выйти замуж.

— Передай от меня привет и всяческие пожелания. Но она вроде давно уже живёт с каким-то парнем.

— Так и есть. В Израиле теперь так принято. И вот они решили пожениться. Вчера родители были у меня и привезли всем, кто из наших живёт в нашем городке, пригласительные билеты. Они у меня, так что можешь забрать.

— Они же живут где-то на самом юге. Мы с тобой были у них, уж не помню повода.

— Так и есть. Это был день рождения. Но свадьба будет где-то в центре страны.

— А кто нас повезёт? Они закажут автобус?

— Свадьба во вторник. Все работают. Так что я не знаю, сколько нас будет. Запиши себе в календарь число и время. А потом всё решим. Есть одна проблема.

— Что ещё за проблема?
— Невеста и жених, как это называется, я забыла, ну вроде сектанты.
— Вот этого нам и не хватало. А какой они секты придерживаются?
— Да я не помню.
— У нас есть секта «Скиния Давида». Я ездил с ними на экскурсию в Иерусалим.
— Нет, другая какая-то.
— Может, «Свидетели Иеговы»?
— Да. Вроде так и есть.

Ира, несмотря на приличный возраст и неприличный вес, была чрезвычайно общительной и любила всякие посиделки и мероприятия. Её муж, полная противоположность, худой и не очень общительный, старался избегать всяких гулянок. Они прожили вместе много лет и основали небольшую династию. Дочь Ляна и сын Биги тоже обзавелись семьями. На свадьбе Ляниной дочери Эсфирь они недавно отгуляли. Положение родственников и правила приличия требовали быть отзывчивыми и порядочными.

Недели за две до поездки выяснилось и количество народа, могущего посреди рабочей недели отправиться на свадьбу где-то в районе Тель-Авива. Всего их собралось пять человек. Помимо Стива и Иры её взрослые дети, Ляна с Биги и ещё одна племянница, Наташа. Решили поехать на одной машине. Туда за рулём едет Биги, обратно Ляна. Это было начало июля, а значит, довольно жарко. Стив долго соображал, как одеться так, чтоб и жарко не было, но и одежды поменьше и самой лёгкой. В назначенный день за два часа до начала торжества Биги объездил и собрал всех участников свадебного торжества. Женская половина оделась соответственно, а Стиву и Биги выговаривали за пренебрежение правилами приличия. Все приготовили конверты с подарками, включили кондиционер и поехали.

После часа довольно быстрой езды Биги потребовал остановки. Как всем курильщикам, ему нужен был подзаряд никотином. Посреди дороги номер 6, центральной скоростной дороги, на половине пути с каждой её стороны размещалась большая заправочная станция с парковками, кафетериями и туалетами. Большинство тех, кто пересекал страну с севера на юг или в обратном направлении, делали там остановку. Туристические автобусы выгружали пассажиров. Водители тоже пользовались вынужденной остановкой.

Биги и Стив отправились в кафетерий. Женщины предпочли сидеть в охлаждённой машине. Снаружи было жарковато, но в помещении кафетерия работал мощный кондиционер.

— Стив. Ты чего будешь?

— Я? Небольшой капучино.

— Нам один маленький капучино и холодный кофе со льдом. — Он говорил всё это на иврите. Молодёжь вообще предпочитала общаться между собой на языке страны.

Биги много лет жил в Израиле и не только был в армии, но и окончил высшее учебное заведение. Понятно, что его иврит был без изъянов. Стив несколько раз принимался за овладение этим невероятно сложным для него языком. В последний раз он даже умудрился сдать экзамены и получить диплом. Но отсутствие реальной необходимости пользоваться этим языком, а также владение английским, которое помогало в сложные минуты, свело все усилия на нет. Он понимал, что надо либо работать в этой среде, либо просто общаться на повседневной основе, а так всё забывается и уходит.

Они вышли на улицу. Биги закурил сигарету, Стив стоял рядом, отпивая маленькими глотками ароматный кофе. Затем, перебросившись несколькими фразами, вернулись в машину. Наташа рассказывала о посещении Болгарии. Она говорила об этом с самого начала путешествия, и никто не знал, как её остановить.

— Брось ты со своей Болгарией. Бедная страна. Я там был, – не выдержал Стив. – Раньше говорили: «Курица не птица, Болгария не заграница». Давайте лучше поговорим о женихе с невестой. Все знают, что они свидетели Иеговы.

— Стив. Кто тебе об этом сказал?

— Ляна. Мне об этом сказала твоя мама.

— Теперь ясно. Мама может сказать. Мне говорили, что они вегетарианцы.

— Очень смешно. Как можно перепутать вегетарианцев со свидетелями Иеговы? Биги, мы очень быстро едем. С такой скоростью мы через полчаса будем на месте.

Как и большинство молодых людей сегодня, Биги постоянно сидел в интернете. Он включил поисковую систему Waze, которой пользовались все в Израиле, и, естественно, на иврите. Стив пробовал попользоваться этой системой, переведя её на русский, но поскольку все указатели и улицы назывались на иврите, то особого проку от этого путеводителя не было.

Они свернули после указателя на другую дорогу. Ляна и Наташа тоже включили ту же поисковую систему, и они состязались, кто быстрее и правильнее назовёт место, где они проезжают и где надо съезжать. Стив в этих спорах участия не принимал, по вполне очевидным причинам. Под дружные указания они ещё раз свернули на другую дорогу, и, судя по всему, оставалось минут десять до конца путешествия. Цифры о времени конца путешествия разнились, и они принялись спорить, у кого показания точнее.

Неожиданно оказалось, что они въехали в какой-то арабский городок. Вокруг на зданиях и магазинах все названия были написаны арабской вязью.

— Мы чего, в арабской деревне будем гулять на свадьбе? — поразился Адам.

— Мой GPS показывает, что до места ещё три километра, — заметила Наташа.

— А мой вообще ничего не показывает, — расстроилась Ляна.

— А я вообще не понимаю, где мы и куда ехать, — это был Биги.

У всех поисковые системы громким голосом предлагали совершить разные повороты в разных направлениях. Улочки городка были непомерно узкие, да ещё заставлены множеством автомобилей. Многие автомобили двигались в разнообразных направлениях, и такие глупости, как правила движения, как и практически во всех арабских поселениях, всерьёз не принимались. Уже немного стемнело, и казалось, что все жители местечка высыпали на улицы. Гудели сигналы, машины останавливались посреди улицы, и радость встречи оглашалась гортанными криками. Биги сигналил, но никто на это не реагировал.

— А с какого бодуна столько народу на улице? Смотрите, все магазины открыты, и на улицах тоже продают всякие штуки с лотков. — Стив смотрел на всё это с большой опаской.

— Так сегодня последний день Рамадана. Они месяц постились и голодали. Сегодня после захода солнца можно праздновать и гулять.

— Биги! Нам только этого не хватало. Смотри, что творится. Они лезут под машину, как очумелые. Ездят так, что волосы дыбом. Давайте валить отсюда, пока не поздно. Пока нас не принесли в жертву в честь Рамадана.

— Дядя! Я не думал, что ты такой трусливый.

— Я может и трусливый. Но не хочу находиться посреди фанатично настроенной толпы. Не дай Бог произойдёт какая-нибудь авария или какой-то обкуренный дикарь кинется под машину, нас вытащат и порвут на кусочки.

Земля Обетованная

Женщины в один голос принялись осуждать Адама и надсмехаться над ним.

— Дядя, это Израиль. Мы живём посреди арабских поселений. Ничего с нами не будет.

— А я, — встрял Биги, — езжу по таким деревням каждый день. И ничего не случилось. Куда тут поворачивать, хотел бы я знать.

Ещё в течение получаса они крутились по узким улочкам, как их вёл Waze, пока не выскочили на какую-то дорогу. Ещё через 10 минут всё тот же Waze громко доложил, что надо повернуть направо и это конец маршрута. Биги повернул вправо и подъехал к ограде, где въезд перегораживала деревянная оглобля. Там же стоял парень, который расспрашивал, кто они и зачем пожаловали. Они были пропущены на большую поляну, где уже стояло множество запаркованных машин. Биги дважды сделал круг почёта, выбирая место для парковки. Наконец они вылезли в темноту и направились в сторону освещённого строения, видневшегося неподалёку.

Они находились в огромном парке. Вокруг росли высокие пальмы, различные декоративные кусты. Множество цветов, высаженных определённым образом, только подчёркивали красоту явно дизайнерского ландшафта. Свет уличного фонаря освещал широкую дорожку. Они двинулись вглубь парка, фотографируя окружавшую красоту. Впереди на дорожке их встретила мать невесты, Нина. Все обнимались, поздравляя счастливую мать.

— Нина, а где твой муж?

— Семён. Он там, немного подальше. Проходите, он вас ждёт.

— Пошли. Я его вижу, вон впереди, — Биги всегда забегал вперёд.

— Друзья мои! Я так рад вас всех видеть. Спасибо, что приехали.

— Мы тоже очень рады тебя видеть и поздравляем со свадьбой дочери. — Ира любила говорить от имени семьи. — А куда подарки можно сдать?

— Вот видите, похож на большой почтовый ящик? Можно туда опускать конверты. А потом подходите к этим девушкам, они найдут вас в списке и дадут вам бирочку с номером стола. Но я знаю, ваш стол номер 2.

Народу подходило всё больше, и Семён как глава семьи и отец невесты был нарасхват. Все кружились на этом большом пятачке, представлявшем из себя ресепшен. Конверты с подарками отправлялись в большой уличный почтовый ящик, установленный именно для этой цели, затем переходили к столу, за которым две молодые особы, выяснив фамилию и имя, выдавали бумажный квадратик с номером стола. Совершив этот ритуал, толпа двигалась дальше по дорожке, ведущей мимо стеклянных окон зала торжеств. Он был очень большой, шикарно украшен и освещён. По всему залу стояли накрытые большие столы, на эстраде музыканты устанавливали свои инструменты.

— Ребята! Смотрите, какой красивый зал! — восхищённо поделилась Ляна.

— Очень красивый и такой большой! Это на сколько же людей рассчитано? — поддержала её Наташа.

— А мне уже всё здесь нравится. Очень всё красиво! А парк какой! — Ира всегда была немного восторженной.

Они прошли мимо большого зала, и впереди открылось большое поле, приготовленное к приёму гостей. Слева на берегу большого озера была установлена сцена, явно для проведения торжества. Дальше за сценой был расположен бар, и несколько барменов обслуживали приходящий народ. По всему полю были расставлены столы и стулья, а также скамейки для отдыха. Прямо перед эстрадой стояли ряды для публики, желающей смотреть церемонию. По краю поля несколько беседок, приспособленных под выносную кухню, предлагали различные закуски. Биги уже хотел чего-нибудь выпить.

— Я в бар. Стив, ты со мной? Мама, тебе чего принести?

— Сынок, принеси мне виски с колой. А мы с девочками пока найдём место, где сесть. Кто ещё хочет чего-нибудь выпить?

Ира всегда хотела куда-нибудь сесть.

— Ляна. Тебе чего-нибудь принести?

— Братец! Принеси мне просто воды. Наташа, ты хочешь чего-нибудь?

— Мне тоже пока воды со льдом.

Стив и Биги отправились в бар. Девочка и двое мальчиков отпускали напитки беспрерывно подходящим гостям. Получал тот, кто быстрее мог привлечь к себе внимание. Биги никогда не терялся, особенно когда дело касалось выпивки. Он быстро приспособил девочку обслуживать его заказ.

— Стив. Ты что будешь пить?

— Бокал красного вина. Как сказать? Яин адом? А ты что будешь пить?

— Молодец. Правильно говоришь. Я сегодня буду пить виски.

Стив обратился к бармену: — Слиха. Яин адом, бевакаша. Это означало: — Извините, бокал красного вина, пожалуйста. Слова иногда вдруг всплывали, а иногда, хоть убей, ни одного слова не вспомнить.

Они набрали в руки заказанные напитки и пошли искать своих. Нашли их за большим столом в окружении небольшой группы людей. Ира всегда была очень общительная, и с ней постоянно кто-то здоровался.

— Знакомьтесь, кто не знает. Мой сын Биги, а это мой брат Стив.

Нестройный хор мужских и женских голосов приветствовал подошедших. Они отдали заказанные напитки, так же попритствовали собравшихся и пошли проверить, чем потчуют сегодня народ.

В первой беседке-кухне им предложили горячие кусочки тофу и китайскую лапшу с овощами. Во-втором нарезанные сырые овощи. Биги, который признавал только мясо, отправился к третьей беседке. Стива по дороге перехватил отец невесты, Семён.

— Стив. Как настроение?
— Всё хорошо. Это очень красивое место. Только по дороге сюда мы попали в какую-то арабскую деревню, где праздновали окончание Рамадана. Весь народ на улицах. Сами улочки узенькие, ни проехать, ни пройти. Всё заставлено машинами. Ездят они как попало. Мы едва оттуда выбрались.
— Я знаю эту деревню. А зачем вы туда поехали? Я же к приглашению в каждый конверт положил схему проезда. С четвёртого шоссе есть простой съезд.
— Ребята включили Waze, а он показывает кратчайшую дорогу. Вот мы и влипли.
— Понятно. Но обратно можете поехать по четвёртой дороге без проблем. Слушай, Стив. Моя дочь и будущий зять вегетарианцы. Они захотели, чтоб на свадьбе были только вегетарианские блюда. Я им говорил, что это неправильно. Кто-то любит это, а кому-то вообще не надо. Но они так захотели. Я сам пробовал всё, что готовили. Мне очень понравилось.
— Ну, я думаю, что один раз можно поесть и вегетарианскую еду. Мне нравится.
— Вот и хорошо. А скоро уже буде хупа.

Стив пошёл искать свою группу. Он нашёл их сидящими за тем же столом.

— Ребята. Я вам должен кое-что рассказать. Только давайте потише. Я не хочу, чтоб другие слышали.
— Да говори уже. Что случилось? — не выдержала Ира.

Земля Обетованная

— Меня остановил Семён, и вот что он рассказал. Жених и невеста никакие не сектанты «Свидетелей Иеговы» или какой-то другой секты. Они вегетарианцы.

— А кто вообще пустил эту пулю, про сектантов? — возмутилась Ляна.

— Я уже тебе говорил, твоя мама, когда говорила мне о приглашении.

— Ты мою маму больше слушай!

— Да мне кто-то сказал! Я уже не помню, кто.

— Вообще о таких вещах нужно предупреждать, – Биги был явно обижен.

— Ребята, не ссорьтесь. Ну, поедим вегетарианской пищи. Если б они всех предупреждали, больше половины вообще бы не пришли, — резонно заметила Наташа. — Так хотят жених и невеста. Это их праздник.

— А нельзя было сделать отдельно вегетарианскую еду и обычную еду? — высказала здравую мысль Ира. — А рыба-то будет?

— Ребята! Я вам больше скажу! Они, как это называется, веган, то есть полные вегетарианцы. Не едят мясо, рыбу, сыр и яйца.

Биги был не просто обижен, а оскорблён.

— Если бы я знал, то точно бы не поехал. Пошли, Стив, возьмём хоть выпить.

Стив попросил полный бокал вина, а Биги - двойной виски. Они снова отправились к кухням-беседкам и набрали всего понемногу. Женщины тоже набрали всяких овощей, и все пробовали вегетарианскую кухню.

— Нет, я вам скажу, очень даже неплохо. А тебе, Ляна? — заметил Стив.

— Да, вкусно. Но я вижу, что моему брату не нравится.

— Если про грибочки, то даже вкусно. Посмотрим, что будет на горячее.

Начиналась церемония бракосочетания. Заиграла музыка, и первая пара детей открыла шествие к месту церемонии. Очередь принимающих участие в церемонии установили далеко в парке. Идти приходилось далеко, через всё поле. Играла музыка, народ хлопал, церемония продолжалась. Вслед за детьми прошагали близкие друзья брачующихся, затем пара за парой, их родители. И только затем никем не сопровождаемые жених вместе с невестой. Бурные аплодисменты, и все собрались на сцене под хупой. Раввин вёл церемонию, народ снимал всё на различные гаджеты, и все были взволнованны и счастливы.

Кто разбивал по традиции стакан, наступая на него, спрятанного под салфеткой, было не видно из-за обступивших этот заключительный и важный аккорд бракосочетания. Говорили, что тот, кто разбивает стакан, тот и будет доминировать в семье.

Народ дружной гурьбой повалил в зал. Все искали свои столы. К Стиву снова подошёл Семён.

— А где все ваши? Вот прямо ваш стол, номер 2.

— Да вот они идут. Ребята, это наш стол. Слушай, Семён. Очень всё круто и красиво. Очень много народу.

— Вообще приглашали 500 человек, но пока, я думаю, человек 400. Но ещё идут. Наши люди любят опаздывать.

— Ужасная манера. — вмешался Биги. — Терпеть не могу опаздывать и не люблю, когда опаздывают другие. Это просто неуважение к хозяевам.

— Ладно. Садитесь, гости дорогие. Слева от вас накрыты столы с горячими блюдами. Выбирайте, что понравится. Справа работает бар. Обслуживают официанты, можно заказать, что хотите. Из бара или из горячих блюд. На каждый стол официанты принесут по бутылке виски и бутылке водки. Весёлого вечера, а я должен идти к другим гостям.

— Спасибо, Семён. Ну а мы, ребята, пошли добывать горячее.

Никого уговаривать не нужно было. С правой стороны зала стояли составленные на всю длину зала столы с большими ресторанными стальными блюдами, под которыми горели спиртовки. За столами стояли повара, готовые помочь и подсказать. Блюд было множество, все с разными овощами, грибами, пастой, тофу и прочими деликатесами вегетарианской кухни. Народ набирал всего понемногу в большие тарелки и отправлялся за свои столы. Наша компания не отставала от других и тоже старалась выбрать, что могло, по их мнению, составить конкуренцию мясу, рыбе или куриным яйцам. Встречались за столом, обмениваясь информацией об ассортименте.

— А я нашла грибы шиитаки. Очень вкусные, — поделилась одна из дам.

Стив рванул на поиски лакомства, поскольку очень любил эти грибы. Он обошёл весь ряд и под конец увидел большой глубокий лист с жареными шляпками грибов. На шиитаки они были мало похожи.

— Ребята! А это какие грибы у вас?

— Это портобело. Тушёные с травами и специями. Вам положить?

— Положите парочку. — Стив был расстроен. — Портобело неплохо, но шиитаки лучше.

Он вернулся за стол, где доедала свои грибы, неправильно проинформировавшая всех бестолковая дама.

— Представляете! Я им говорю — шиитаки, а они мне — портобело. Ну надо же, такие тупые, что просто кошмар.

— Вы извините. Это я перепутала. Значит, это портобело?

Свадьба шумела и гуляла. На столе появилась бутылка виски

и бутылка водки. Биги немного помягчел. Заиграл оркестр, и в зал понеслась прекрасная музыка, и очень приятный голос пел песню любви. Адам заворожённо смотрел на солиста. Он был очень похож на жениха.

— Биги! На кого похож этот певец?
— Да это же жених поёт, — все восторженно шептались. — Жених поёт!
— Ребята. Он действительно классно поёт. Кто-то говорил, что он из Индии.
— Вот в это я поверю, — утвердительно кивнул головой Биги. — Теперь понятно, откуда это пристрастие к вегетарианской еде.
— Да уж. Могли бы хоть немного поставить мяса, — Ира тоже была очень недовольна сугубо овощной трапезой.

Музыка звучала всё громче. Народ пустился в пляс. Жених был в ударе. Шло время. Желающие ещё ходили за овощами и грибами, но постепенно и это сошло на нет. За столом переглядывались, словно ожидали, кто первый предложит уходить. Биги был первым.

— Всё, ребята. Поехали домой. Я хочу поесть чего-нибудь нормального.

Все искренне подхватили разумное предложение и засобирались. Это не осталось незамеченным бдительным оком Семёна.

— А вы чего, ребята? Хотите уже уходить? Подождите, сейчас начнут сервировать десерт. Вон уже убирают горячее и сейчас принесут сладости и фрукты.
— Спасибо, Семён. Но завтра на работу рано вставать, а ехать далеко, — Ляна высказалась за всех.
— Ну смотрите сами. А то могли бы ещё немного посидеть за десертом. Спасибо всем, что приехали. Пойдёмте, я вас провожу.

Все двинулись по дорожке мимо освещённого свадебного зала. Было видно через большие окна, как официанты несли блюда с десертом.

— Может, попробуете всё-таки десерт? — всё ещё надеялся отец невесты.

Все отказывались, ссылаясь на позднее время, долгую дорогу домой и раннее вставание. На парковке ещё раз распрощались с наилучшими пожеланиями жениху и невесте, погрузились в машину и поехали в темноту ночи. Ляна сидела за рулём, а Биги, сверяясь с электронным путеводителем, отдавал команды. Через 10 минут они вновь въехали в арабскую деревню, через которую пробирались несколько часов назад.

Там стало ещё больше народу на улице и машин. Всё было открыто. Большой праздник и народ гулял. Ели, пили и шумели.

— Ребята! Мы, что, опять вляпались в эту деревню? Семён же говорил, что есть другая дорога. Как мы сюда попали?

— Стив, не волнуйся. Эта дорога короче. Быстрее приедем.

— Биги! Ты чего? Болен? Кому нужна эта тупая экономия времени. Здесь невозможно проехать! Смотри, что творится. А не приведи Господь, авария. Нас живых отсюда не выпустят.

— Стив. — Это была уже Ляна. — Мы израильтяне, и мы привыкли к этому. Но так действительно короче.

Стив продолжал возмущаться, но получал взамен всеобщие насмешки и обвинения в трусости. Говорить было бессмысленно, и каждый остался при своём мнении. Через полчаса машина выскочила на шоссе, и все разногласия и споры стали бессмысленны.

Шимон Гарбер

Холон

Такое, наверное, случается со многими. Когда компьютер отказался делать чтобы то ни было, это вызвало основательный страх. Мало того, что это был друг, которому поверялись все тайны и мысли, это было общение с внешним миром, досуг и развлечение. Но самое главное было то, что он решил стать писателем. Если быть честным, то вдруг стать писателем, конечно, может каждый. Есть перо, ручка, карандаш и лист бумаги. Всё. Твори. А теперь при наличии компьютера, который за тебя может много чего сделать, то теперь и писать не надо. Сиди, говори, а он за тобою записывает. Мечта идиота. То, что это не так просто, он понял довольно скоро.

Для начала надо приобрести компьютер. Сказано - сделано. Вот он. Большой, красивый. Только что с ним делать и как научиться этим управлять, раньше в школах не обучали. Это сейчас малыши ещё не могут себя вытереть после туалета, а дай ему планшет, он сам разберётся, куда тыкать и что смотреть. Но Адам был человек из прошлого века. Знаний в этой области никаких. Их должна заменить настырность и самоуверенность. Но как-то не сразу.

Время шло, какие-то навыки появлялись. Постепенно компьютер стал если не другом, то хозяином. Он требовал внимания с утра. А мог и не давать спать всю ночь.

Поначалу Адам бегал к местному компьютерщику каждый день. Потом всё реже. Научился писать заметки, и они стали расти в объёме и требовали места.

Проблема заключалась в том, что клавиатура компьютера, которую называют ласково «клава», была на двух языках, иврите и английском, а русский был добавлен в виде наклеек. От частого употребления, а может, от неряшливости, эти буковки засаливались и лохматились. Кто-то сказал Адаму, что есть лазерный способ гравировки букв.

Он долго приставал ко всем знакомым и незнакомым с этой проблемой, пока один из них дал ему телефон компании, которая этим занимается. Адам позвонил, и ему подтвердили, что эта компания существует и находится в городе Холон. Он записал адрес, часы работы и собрался ехать.

После долгих поисков в интернете Адам выяснил, что город Холон находится недалеко от Тель-Авива и можно доехать на поезде, а там сделать пересадку, и две следующие остановки приведут его к цели. Жил Адам на севере, но ради «клавы» готов был к путешествиям и трудностям.

Рано утром он уже сидел в автобусе, который должен был отвезти его на конечную северную станцию израильской железной дороги. Через полчаса он был на месте. Ещё через полчаса он смотрел в окно поезда, везущего его на юг.

Был первый день недели, и поезд, поначалу почти пустой, начал наполняться молодыми девочками и мальчиками в военной форме и с оружием. Они возвращались на службу, после выходных в родном доме. У всех были большие сумки или рюкзаки с чистыми, постиранными вещами и прочей солдатской нуждой. Вещи были везде, оружие они ставили между ног, и все включали телефоны или ноутбуки и общались. Было шумно, весело и уютно.

Два часа пролетели незаметно. На одной из остановок в Тель-Авиве, которая являлась узловой и от неё поезда шли в разных направлениях, вся эта вооружённая армада вышла, и Адам вышел вместе с ними. Теперь надо было понять, на какой поезд садится и в какую сторону. Он поднялся вместе со всеми на второй этаж большого вокзала. Там висело огромное электрическое табло, указывающее все направления, время и номер платформы отправления. Информации было много. Для грамотного человека, знающего иврит, это была прекрасная информация. Адам, знающий иврит в пределах начинающего посещать детский садик ребёнка, весь этот информативный, да ещё постоянно меняющийся клубок напоминал головоломку, распиленную на множество мелких частей.

Добрая душа, видя его страдания, одурело пялившегося на огромное сверкающее табло, расспросив, порекомендовала пятую платформу. Воспарявший духом Адам разыскал выход на пятую платформу и спустился вниз вместе с солдатами. Это была платформа №5. Но поезда останавливались с двух сторон платформы. Когда подошёл первый поезд, Адам вместе с солдатами рванул к открывшимся дверям, с криком: — Холон, Холон⁰

Он был остановлен от глупости лезть не в свой поезд, и стало понятно, что надо садиться на другой стороне платформы. В очередной поезд никто не спешил на посадку. Адам зашёл в одиночестве и тревожно ожидал развязки. Зазвучал хриплый голос на радио и произнёс много непонятных слов, но одно пролило бальзам на растревоженное сердце. Это было слово, Холон.

Открылись двери, Адам поднялся с ещё одним пассажиром наверх и вышел на улицу. Было очень тепло и пустынно. Пассажир, с которым он поднимался, словно чуя ненужную проблему, испарился. Адам стоял посреди улицы в незнакомом городе, ожидая чуда. Оно не замедлило явиться в виде автомобиля со знаком такси на крыше.

— Простите! Вы говорите по-английски, а может, по-русски⁰

— По-русски говорю.

— О, какое счастье. Вот тут у меня записан адрес. Можете меня туда отвезти⁰

— 50 шекелей.

— Хорошо, хорошо. Спасибо! А это далеко?
— Да, не близко. А ты откуда?

Адам рассказал свою эпопею и мечту сделать «клаве» новый алфавит.

— Тебе надо было на следующей остановке выйти. Оттуда ближе.

— Теперь уже в следующий раз. Хотя я вряд ли ещё раз поеду в такую даль.

Они распрощались дружески, хорошо понимая друг друга.

В офисе

В небольшом офисе компании Адама встретила сидящая за стойкой девушка.

— Здравствуйте! Говорите по-английски или по-русски?

— Немного по-русски.

— Какой удачный день сегодня. Сначала таксист, теперь вы.

— Я не понимаю. Ты чего хочешь?

— Ох, простите. Вот «клава». Я хочу добавить русский алфавит.

— Нет проблем. Фамилия, имя, телефон. Выбери цвет. — привычно чётко командовала она.

— Как это, выбери цвет?

— Мы делаем лазером гравировку букв, а затем покрываем краской. Выбери из этой таблицы, какого цвета буквы ты хочешь.

— А какой самый яркий цвет?

— Многие выбирают лимонный. Вот этот, — она ткнула пальцем в таблицу.

— Хорошо. Сколько я должен и как долго надо ждать?

— 200 шекелей. Часа полтора времени. У нас есть твой телефон. Жди сообщения.

Адам расплатился и вышел на улицу. Было жарко и абсолютно нечего делать. Он двинулся вниз по улице. Район был рабочий, достаточно пустынный. Перейдя через дорогу, он уткнулся в какой-то странный торговый центр. Это были отдельные магазины, расположенные вокруг площади. Они были большие, но абсолютно пустынные. Названия были знакомые, но все с добавлением слова «оутлет». Первый магазин был спортивный, с различными снарядами и снаряжением. Второй был магазин «Адидас». Адам побродил по пустынному магазину и вновь удивлялся необычно низким ценам.

— Могу я помочь вам в чём-нибудь? — обратилась к Адаму продавщица.

— Спасибо. Я просто смотрю. А у вас очень доступные цены.

— Да. Здесь все магазины-оутлеты известных фирм.

— Я понял. Это дисконтные магазины, куда свозят нераспроданный товар с других магазинов компании.

— В общем так. Модели, которые заменены на новые, остатки партий и разные другие обстоятельства. Поэтому наши цены вне конкуренции.

— Здорово. Жаль, что у меня всё есть, хотя парочку летних футболок надо посмотреть.

Адам долго выбирал фирменные футболки и отобрал три.

— Я вот эти возьму. Цены у вас действительно привлекательные. Будь вы в другом месте, было бы не протолкнуться от покупателей.

Земля Обетованная

— Мы расположены в рабочем районе. Наши покупатели приходят вечером.

Адам рассчитался за покупку, получил фирменный пакет с покупками и бродил из магазина в магазин, поражаясь ассортименту и ценам.

— Надо нашим рассказать. Ира обожает дисконтные магазины. Правда, сюда ехать далеко. Это надо целый день убить.

Время летело незаметно, и вскоре зазвонил телефон. Пришло сообщение. — Наверняка моя клава готова. Неужели прошло полтора часа?

Адам вернулся в офис компании, куда отдавал клавиатуру компьютера.

— Я получил сообщение от вас. Моя клава готова?

— Почему ты зовёшь это «клава»?

— Извините. Дурная привычка. А вы, наверно, давно из России. У вас такой акцент.

— А я израильтянка. Мой бойфренд из России. Он меня и научил.

— Вот здорово. Мне надо найти гёрл френд израильтянку. Тогда я быстро выучу иврит. А то хожу, как глухонемой. Только английский и помогает.

— Если бы у тебя не было английского, ты бы выучил иврит быстрее. Вот твоя «клава». Проверяй.

На клавиатуре появились яркие, лимонного цвета буквы и символы. Вся доска выглядела необыкновенно нарядно.

— Ой, как здорово! Очень красиво. Спасибо большое.

— Ладно. Давай заверну.

— Скажите, а как мне до железнодорожного вокзала добраться? Здесь есть какой-нибудь автобус?

— Не думаю, что здесь автобус идёт к вокзалу. Проще на такси.

— А можете вызвать мне такси?

Она набрала телефон и после небольшого разговора с диспетчером обернулась к Адаму.

— Такси будет через пятнадцать минут. 50 шекелей.

— Большое спасибо. До свидания.

Вскоре Адам ехал в такси с молчаливым водителем. У входа в здание вокзала стоял скучающий охранник. Он, как это и полагается, осмотрел пакеты Адама и пропустил его внутрь. Там было пустынно, и только у стены стоял автомат для приобретения билетов. Все надписи были на иврите. Выбора не было. Спросить о помощи, никого кроме охранника, не было.

— Извините! Вы говорите по-русски или по-английски?

— Ты русский что ли?

— А вы тоже русский. Сегодня мне везёт.

Хмурый охранник помог купить билет, и Адам, осчастливленный, сунул его в щель турникета. Получив разрешение и свой билет обратно, прошмыгнул внутрь.

— Не потерять бы только этот билет, а то потом не выйдешь на улицу.

Внизу на платформе не было ни души. Кода подошёл пустой поезд, Адам залез внутрь, надеясь, что он сел в правильном направлении.

— Следующая остановка Тель-Авив, — объявило радио.

— Слава Богу. Мне там надо пересаживаться в направлении Нагарии.

Адам уже ориентировался в происходящем и не был столь потерян. Через три часа он шагал от автобусной остановки в сторону дома, неся с собой драгоценную «клаву», ради которой и был весь вояж.

МакБук

Вечером Адам разговаривал по «Скайпу» со своей сестрой.
— Ира, привет. Угадай, где я был сегодня весь день?
— И где?
— Я ездил в Холон.
— А это где? И зачем ты туда ездил?
— Это город, дальше за Тель-Авивом. Вообще считается его пригородом. А ездил я туда делать буквенную гравировку на мою «клаву».
— Ничего себе, а поближе места не нашёл?
— Во-первых, в Израиле это единственное место, где это делают. Во-вторых, там сделали настолько прекрасно, я даже не могу тебе описать. Яркие, красивые и всё видно. Печатать — одно удовольствие.
— А что же ты мне не сказал? Я бы тоже поехала. А то мои наклеенные буквы уже все залохматились. Надо счищать и клеить новые. Так лучше сделать, как у тебя.
— Это недёшевое удовольствие. Сама процедура 200 шекелей, да ещё дорога.
— Ну и что. Я бы поехала. Когда поедешь в следующий раз, возьми меня.
— Я не думаю, что ещё когда-нибудь поеду. Уж больно далеко это.
Тогда он ещё не знал, что поедет снова в Холон, и ещё не раз. Приближалась осень, и Адам надумал поехать во Францию. Вернее, на Корсику, но через Францию. Преображённая «клава», конечно, была очень удобна для работы, но всё-таки гораздо

удобнее было писать, а скорее печатать, на айпэд. Его компьютерный ментор, приходивший помогать Адаму со всеми проблемами, которые возникали в процессе работы, подсказал новую идею.

— Мы с семьёй недавно ездили отдыхать в Будапешт. Так вот, в аэропорту есть большой магазин электроники, «Дюти Фри». Я держал в руках новый МакБук. Классная штука. Это то, что тебе надо. Платформа «Эппл», и это компьютер. Там есть клавиатура. Я думаю, писать на ней будет гораздо удобней, чем на айпэд.

Адам этой идеей загорелся и решил приобрести МакБук во время поездки во Францию. Что он и сделал.

Снова Холон

МакБук был великолепен. Но для работы требовалась русская клавиатура вдобавок к английской. Выбора не было, надо опять ехать в Холон. Адам позвонил в компанию. Ответил незнакомый голос. На стандартный Адамов вопрос, какими языками она владеет, ответ был простой. Только иврит. Но главное он выяснил. Фирма жива и работает. Положив дорогого (во всех смыслах) друга в специальный футляр, а затем в рюкзак, отправился в Холон уже освоенной дорогой. В Тель-Авиве выяснилось, что до следующего через Холон поезда есть час. Раз есть время, можно выпить чашку кофе в большом кофейном баре на втором этаже. За стойкой весёлая группа мальчиков и девочек. Один спрашивает, другой делает, а третий выдаёт.

Земля Обетованная

— Тебе чего?
— Капучино средний, пожалуйста.

Здесь всё по-взрослому. Это вам не Франция с Италией вместе. Дают малюсенькую чашечку, средней паршивости кофе и водичку в стакане сбоку.

— Плати сюда. Теперь иди туда. Имя?
— Адам.
— Твой капучино.
— А где сахар, крышка, добавки?
— Иди туда, — и для особо бестолковых показал рукой.

Адам насыпал сахар, корицу, шоколад и всё размешал палочкой.

— Так, крышка есть. А где салфетки?
— Иди в пункт первый.
— Ну ничего, что немного бестолково. Кофе отменный. Прямо как в «Старбакс».

В Израиле заметно это. Как в Америке. Особенно среди молодых и независимых. Сидят, стоят и лежат где попало. Хороший кофе и классный хайтек. Вечеринки и машины. Мальчики и девочки. Современные, раскрепощённые.

После капучино платформа номер пять. Поезда приходят чётко по расписанию. Народу превеликое множество. Большая часть солдаты обеих полов. Все, абсолютно все с телефонами. Звонят, играют или пишут.

Выйдя на второй станции после Тель-Авива, по совету опытного водителя в своё первое посещение, Адам оказался в месте, ему совершенно незнакомом. Он постоял какое-то время, ожидая такси. Но они проезжали по дороге где-то вдалеке и не думали сюда сворачивать. Делать нечего. Надо идти туда, где они ездят, и там ловить.

Он дошёл до широкой дороги и стал приветственно махать всем проезжавшим такси. Но пока на него никто не желал обращать внимание. Мимо едет пустое такси.

— Стой, стой, тебе говорю!

Такси остановилось, и Адам влез, запыхавшись. Показал адрес, записанный на бумажке английскими буквами.

— Ты американец?

— Вообще да. Но я приехал из России.

— А я работал в Америке. На Брайтон Бич, в кар-сервисе. Это как такси по вызову. Неплохо, но пришлось уехать.

— Не понравилось там?

— Да нет! Неплохо, но без визы американской. Пару раз поймали. Заплатил большой штраф и решил вернуться.

— Понятно. Нелегалам в Америке нелегко.

За разговорами подъехали к нужному месту. В офисе сидела незнакомая девушка. Адам показал своё новое приобретение. С трудом подобрал слова.

— Мне нужен русский шрифт, и я хочу лимонный цвет.

— Лё. Рак лаван. — Это означало, что только белые буквы можно.

Адам осторожно, стараясь не впасть в гнев, принялся втолковывать ей, что он, мол, не в первый раз, вот у него предыдущая с собой, и он хочет такого же цвета клавиатуру. Но она была неумолима.

— Да ты чего? Я пёрся за сотни километров, чтобы поставить буквы лимонного цвета. Я что, непонятно излагаю свои мысли? Начальника позови, женщина!

На шум вышел начальник офиса. Девушка что-то горячо ему втолковывала.

— Ты пойми. Мы не можем поставить лимонные буквы. У тебя

клавиатура с подсветкой. Мы можем поставить бесцветные буквы, тогда в темноте ты сможешь видеть клавиатуру и печатать.

— Ты понимаешь... Я встал в 5 утра... Ехал три часа... Я в темноте не печатаю.

— Мы не можем дать гарантию.

— А как же раньше делали?

— Это новый МакБук, дорогой. Надо вынимать каждую букву, гравировать, а потом ставить на место. А если проблема?

— А как же вы раньше делали?

— Лазером вырезали по трафарету.

— А вы знаете, что не всё совпадает с вашим трафаретом, но я могу это пережить. Я хочу цветные буквы. Позовите своего специалиста с Лазарем вместе. Я хочу с ним поговорить.

— Ладно. Я пойду и сам с ним поговорю.

Начальник вернулся через несколько минут.

— Он сказал, что сможет. Приходите через полтора часа. Это будет стоить 300 шекелей. За сложность работы.

Дорога домой

Есть час свободного времени. Адам перешёл дорогу в направлении, где расположены все дисконтные магазины. Ему был нужен магазин, который торгует спортивными товарами. Он искал спортивный снаряд, который обещает сделать талию тоньше, а пресс мощнее. А то его талию совсем не видать, если, конечно, не сделать огромный вдох и страшно напрячь все мышцы. Будучи во Франции, он видел такой снаряд на телевидении каждый день помногу раз. Зависть к французам заставила искать такой аналог в Израиле, и Холон казался идеальным местом.

И он не обманулся. В спортивном магазине они стояли. Один повыше, покруче и тяжёлый.

Зато другой поменьше, но его явно можно было дотащить до дома. Опробовав и тот, и другой, Адам сделал свой выбор и позвал мальчика в чёрном.

— Вот этот снаряд, но в коробке, и вот этот спортивный мат в придачу. Я оплачу и приду через полчаса.

Довольный удачной покупкой, он походил по обувным, одёжным, хозяйственным и прочим магазинам и вернулся за своей покупкой. К коробке был скотчем прилеплен мат и сделана ручка, для удобства транспортировки.

Тепло попрощавшись, Адам ухватил свою добычу и пошёл выручать от Лазаря свой дорогой МакБук. Своя ноша не тяжела, но эта была нелегка.

Он пришёл слишком рано. Пришлось ждать, пока вынесут его новое дитя.

— Вот твой МакБук. Проверяй!

Адам потыкал по красивым новым клавишам. Всё было славно. Во время оплаты за обрезание, сделанное МакБуку, Адам попросил вызвать ему такси. Всё шло по плану. Подошедшее такси отвезло его на железнодорожную станцию.

Адам с трудом влез в дверь вокзала, держа большую коробку впереди себя. Он понимал, как он выглядел в глазах бдительных и нервных израильских охранников.

Они его без тщательной проверки пропускать не хотят.

— Паспорт дай.

— Ой, я случайно забыл дома, но есть водительские права.
— Не пущу. По закону должен иметь при себе паспорт.
— От б…! Ну, забыл я!
— Русский что ли?
— А то, дай пройти.

Касса закрыта, но есть автоматы. Адам понажимал экран, и вышел английский. Дело пошло веселее, и с небольшими затруднениями он получил билет.

Теперь налево или направо? Вопросы, вопросы. Всё на нервах. Не угадаешь — проиграешь.

Поезд вёз его домой. Прощай, Холон. Хороший ты город, но далеко. Поезд был набит до отказа, в основном солдатами, девочками и мальчиками. Хорошо и спокойно.

Шимон Гарбер

Гости из Санкт-Петербурга

До переселения в Израиль Адам жил в Санкт-Петербурге и познакомился со многими интересными ребятами. Они привели его в одну из религиозных групп, появившихся во множестве в последнее время. Нельзя сказать, что Адам был религиозен, но ему было интересно. Как и большинство людей, он был немного суеверен. Не любил, когда дорогу перебегала чёрная кошка, если приходилось возвращаться срочно домой, забыв какую-то вещь, смотрелся обязательно в зеркало и имел множество других суеверных предрассудков, не обременительных для существования. Поначалу он очень скептически относился ко всем общим чтениям молитв и взываний к Всевышнему. Ему, всегда полагавшемуся только на самого себя, всё происходящее казалось лицемерием и фальшью. Возглавлял эту новую синагогу молодой раввин. Он был умён, красив, понимал юмор и выучил неплохо русский. Часто приходила его красавица-жена с двумя прелестными дочурками. Всё это напоминало одну большую и очень дружную семью, приятных людей. Собирались все в священный для евреев день, субботу. После молитвы раввин приглашал всех на трапезу.

Адам, поначалу избегавший столь тесного общения, уходил после молитвы, но постепенно оттаял и стал бывать вместе со всеми. Ребята были в основном молодые, но уже семейные. Справляли все вместе праздники и ездили на гулянья в пригород Санкт-Петербурга. Они жили в этом городе всегда и не хотели никуда уезжать. Адаму, который не скрывал своего желания переехать в Израиль, вероятно, втайне завидовали, но сделать такой шаг лично для себя считали самоубийством. Они были частью этой страны, её культуры, языка и образа жизни. Уехать, эмигрировать в незнакомую среду, начать жизнь практически с нуля для них было немыслимым. Здесь всё. Родные, друзья, среда, профессия. Они здесь нужны. А там? Кому они нужны там?

Адам их понимал. В своё время он прошёл все эмигрантские круги. Он видел многие поломанные судьбы. Да и его собственная судьба тому доказательство. Он очень сдружился с раввином. Тот приглашал его в гости раз в неделю, как и других, составлявших небольшой кружок. Рав Ариэль, будучи сам израильтянином, одобрял желание Адама переселиться в Израиль.

Наступил день отъезда. Друзья пришли к нему попрощаться. За бутылкой хорошего виски прощание прошло тёплым и грустным. Первые годы в Израиле были заняты устройством домашнего быта, знакомством со страной и поисками достойного занятия. Появившаяся страсть к писательству пока приносила одни убытки, но массу удовлетворения.

Раздавшийся телефонный звонок сразу напомнил друзей и воспоминания о Санкт-Петербурге. Это было очень неожиданно.

— Адам! Привет, друг. Это Ариэль. Ты меня не забыл?

— Привет, Ариэль. Конечно, нет. Какими судьбами? Ты в Израиле?

— Да, я здесь. Хочу пригласить тебя на брит-милу моего долгожданного сына. Ты знаешь, что у меня родился сын?

— Да, конечно. Я это видел Фейсбуке и даже посылал тебе поздравление. Это уже пятый ребёнок в семье. Четыре красавицы-дочери и теперь ещё мальчик.

— Да! Всевышний послал мне сына. Ты придёшь? Я тебя приглашаю.

— Ариэль, а где будет брит-мила?

— Здесь в Израиле. Моя жена рожала в Израиле, и я тоже сейчас здесь. Запиши адрес и день, когда это будет. Я буду рад тебя видеть.

— Хорошо, Ариэль. Говори, я записываю.

— Тель-Авив, рядом с железнодорожной станцией, Вольфсон. На следующей неделе в четверг, в 17:00. Центр, Виола.

– Я знаю, где это. Но это не Тель-Авив, а Холон.

— Это пригород, но все называют это место, Тель-Авив. Я тебя жду.

Они дружески распрощались.

— Надо будет поехать, — решил Адам. Отказаться быть на церемонии обрезания грех, тем более он никогда на ней не был. Это, наверняка интересно. Место знакомое, уже был там дважды. Только обратно надо будет уехать пораньше. Дорога дальняя, пока доберётся до дому.

В день брит-мила, а попросту обрезания, Адам сидел в поезде и размышлял об обычае, пережившем тысячелетия. Этот дремучий сакральный обычай существует у множества народов. Удаление крайней плоти у мальчиков-младенцев должно происходить обязательно на восьмой день от рождения. Вероятно, в те далёкие времена это был гигиенический способ уберечь мужскую часть от различных заболеваний, больше похожий на ритуальное жертвоприношение. Сакральный смысл происходящего помогал пережить боль от неизбежных страданий, переживаемых младенцем. Только после обрезания младенцу давали имя. Христиане придумали свой ритуал. Окунание младенца в купель было намного более щадящим. Но у всех свои обычаи. Какая мать не пойдёт на эту муку? А вдруг что-то случится с ребёнком? Она всю оставшуюся жизнь будет корить себя за то, что не послушалась других. А если потеря ребёнка — наказание за непослушание, то это вообще невозможно пережить.

Эти рассуждения помогли Адаму скоротать дорогу, и он вышел на знакомой станции, Вольфсон в городе Холоне. Времени было ещё много, и он осматривался в поисках центра под названием, Виола.

— Прямо как некогда любимый финский сыр, Виола. Да вот же он. На другой стороне улицы. Я что-то больно рано приехал. Ещё час до назначенного времени. Ладно, лучше приехать немного пораньше, чем опоздать.

Исаак

Адам подошёл к большому центру. Внизу кроме охранника никого не было, и Адам поднялся на второй этаж. Из большого холла куда-то вело множество различных дверей. Некоторые были открыты, и оттуда доносились шумные голоса и звуки музыки. Адам заглянул в одну из открытых дверей. Там была большая группа людей, празднующих за накрытыми столами. Мужчины были в традиционных религиозных одеждах, чёрные костюмы и чёрные шляпы, несмотря на жаркую погоду. Женщины носили шляпки с вуалями и длинные закрытые платья. Адам попятился от двери, понимая, что он не туда попал. За второй дверью тоже слышались голоса. Адам осторожно приоткрыл дверь. Шум утих, и на него смотрело настороженно множество незнакомых глаз. Эти люди мало чем отличались от тех, кто сидел в первом зале. Адам ретировался.

На третьей двери висела табличка, в которой Адам с трудом разобрал имя Ариэля.

— Ага! Значит, здесь три банкетных зала, и во всех проходят мероприятия. А почему посреди белого дня и все одеты в религиозные одежды? Ответ понятен. Этот центр, где происходят различные религиозные мероприятия вроде брит-милы. И этот центр принадлежит Любавической общине, в которую входит и мой дружок Ариэль. Я просто пришёл раньше всех, поэтому не вижу никого знакомого.

Из холла широкие двери выходили на большую террасу. Там мальчики и девочки в традиционных чёрных рубашках накрывали отдельно стоящие столы горками тарелок и бокалов на подносах. Сразу около двери стояла выносная стойка бара. Сама терраса была перегорожена на три части. По числу банкетных залов.

Время приближалось к пяти, и стали появляться разрозненные группки людей, которые, как и Адам, бродили из угла в угол, читая надписи на дверях и осваиваясь в ситуации. Ровно в пять часов по-прежнему ничего не происходило, только прибавилось количество людей, явно знакомых друг с другом. Они здоровались, обнимались и общались. Адам, не видя ни одной знакомой души, сел на диван около двери в зал номер 3 и принялся ждать.

Где-то через полчаса появился первый знакомый человек. Адам помнил его по Петербургу, куда тот приезжал поздравить сына с какой-нибудь датой. Это был отец Ариэля. Его сразу окружила толпа знакомых, поздравляя с радостным праздником. Он был бодр, энергичен и тут же навёл порядок. Всех пригласили на террасу, где уже появились закуски и мальчик с девочкой за барной стойкой. На отдельных столах на террасе были накрыты столы с большими ресторанными стальными блюдами, с горящими спиртовками. Народ частично рванул к закускам, а мужчины создали монолитную стену возле барной стойки. Адам, уже поднаторевший в таких делах, потихоньку продвинулся в первые ряды.

— Яин адом, — означал пароль к бокалу красного вина. Получив этот важный и нужный атрибут любого празднества, полюбопытствовал, чем это кормят народ в таком специфическом заведении. Ассортимент был нехитрый, как и везде.

Земля Обетованная

Мясные шарики в томатном соусе, тушёные овощи и наборы для овощных салатов.

Вино было неплохое, но аппетит ещё не сказал своё веское слово. Адам отошёл в сторону и наблюдал за всё прибывавшей толпой. Кто-то тронул его за плечо.

— Адам, привет. Я рад тебя видеть. — это был его прежний товарищ по Петербургу, Алекс.

— О, привет! Наконец хоть одна знакомая физиономия. Рад тебя видеть.

Они, как водится, обнялись, похлопали друг друга по плечу.

— Алекс. Ты один или с семьёй?

— Семья осталась в Петербурге. А я приехал в составе целой делегации из нашего города.

— Ничего себе! Только на брит-милу? Это не дешёвое мероприятие.

— Это точно. Но Ариэль меня очень просил. Сказал, что это очень богоугодное дело.

— Ну, значит, будет тебе счастье. А где сам виновник праздника? Вернее, отец дитяти.

— Он приехал вместе с нами. Мы все остановились у его родителей. Там большой дом. А ты привёз мне свою книжку? Я же тебя просил. Или ты забыл?

— Нет, не забыл. Держи.

— Вот спасибо! Давай вместе сфотографируемся, а ты не забудь, подпиши мне книгу.

Пока они фотографировались и Адам подписывал книгу, появился Ариэль, окружённый многочисленными друзьями. Они с Адамом не виделись почти три года. Оба были рады встрече, обнимались и хлопали друг друга по плечам. Народу уже набралось столько, что в этой густой толпе было не протолкнуться.

— Адам. Ты уже отдал подарок? – это был Алекс.

— Пока нет. Наверно, при входе в банкетный зал что-нибудь или кто-нибудь будет принимать подарки.

— Я видел, там поставили большой сейф. Пошли положим наши конверты.

Действительно, появился стол с внушительным сейфом и пачкой красивых конвертов, на случай если кто-то забудет приобрести. Народ закладывал банкноты, подписывал слова пожеланий, имя дарителя и опускал в большую щель сейфа. Закончившие процедуру проходили в обеденный зал, где были накрыты шикарные столы на 10 персон. Судя по количеству столов, народу было очень много. Поскольку это была религиозная церемония и большинство приглашённых относились к Любавическому религиозному движению, в обеденном зале находились исключительно мужчины. Женщины тоже были, но за занавеской. Это сугубо религиозный мужской праздник, и женщинам не полагалось сидеть с мужчинами за одним столом. Мать младенца тоже находилась в женской половине.

В специально отведённом месте проходила церемония обрезания. Брат жены, а, следовательно, дядя младенца, был усажен в специальное кресло. На колени ему положили большую подушку, на которой лежал голенький младенец восьми дней отроду. Неподалёку находился стол, на котором специальный человек, приглашённый совершить обряд обрезания, разложил свои инструменты, молитвенник и бутылку со специальным вином. Перед началом он произносил молитву, которую подхватывала окружающая толпа. Затем произошёл сам торжественный момент. Раздался еле слышный писк младенца, и из женской половины донеслись всхлипывания и плач. Младенцу немедленно оказали необходимую дезинфекцию и помощь, и вся толпа восторженно подхватила благодарственную молитву Господу, принявшему эту жертву. У отца спросили имя, которым отныне можно величать мальчика.

Земля Обетованная

— Исаак!

Торжествующие крики и благословения встретили этот восторженный момент. Уже можно было фотографировать. По указанию отца Исаака младенца передавали с рук на руки, и лицо, получившее на несколько секунд это благословенное дитя, было осчастливлено. Песни и молитвы сопровождали каждого нового почётного дитядержателя. Это продолжалось довольно долго, пока наконец дитя не унесли и не отдали измученной всей этой процедурой матери. Была специальная комната, где дитя можно было кормить. Мужчины рассаживались за шикарные столы. Были поданы односолодовое виски и красное вино. Первый тост за Исаака был поднят счастливым отцом. Разносили закуски. Адам понимал, что ему пора идти. Он тихонько попрощался с Алексом и, стараясь быть незамеченным, выскользнул из зала.

Возвращаясь в поезде домой, он не мог не думать об увиденном.

— Жаль, конечно, младенца. Говорят, что до этого момента ребёнок ещё ничего не ощущает. Но раз он плакал, значит, ему было больно. Вообще это кошмарный, жуткий пережиток многовековой религиозности. Жертвы на алтарь веры приносились всегда. Первый на земле еврей, Авраам, собирался принести в жертву своего первенца, горячо любимого сына, Исаака. Он был остановлен Господом, предложившим взамен ягнёнка. Разве нельзя, если уж так повелось, заменить обрезание каким-нибудь символическим обрядом?

В США родителям предлагают в госпитале сделать обрезание ребёнку мужского пола. Может, из опасения, что это произойдёт в менее стерильных условиях, а может, это действительно уменьшает риск заражения лиц мужского пола? Говорят, где-то проводят процесс обрезания, но для женщин. Человечество существует тысячелетия, но суеверия и религиозные догмы живы и так же сильны и сегодня!

Шимон Гарбер

Кейсария - Цезария

Началось, как это обычно бывает, с телефонного звонка.
— Алло! Бен?
— Да. Привет, Лена.
— Да, это я. Ты говорил, что хочешь посмотреть Кейсарию. Есть группа на эту субботу. Хочешь поехать?
— Вообще-то да, хотя сейчас очень жарко.
— Ну чего ж ты хочешь? Мы живём в Израиле.
— Я помню. А во сколько и где сбор?
— Эта не моя группа. Выезд из Кармиэля, но у меня есть женщина, которая туда едет. Вернее, её везёт сын. Они могут тебя забрать из дома в 6:55 утра.
— Ого! А чего такая точность? Мы что, на поезд опаздываем?
— Нет. Но есть такие люди. Они любят точность. Так ты едешь? Группу везёт моя коллега из Кармиэля, Валя. Большой комфортабельный автобус.
— Ну хорошо. Суббота всё равно день пропавший. Дай им мой телефон.
— Хорошо, Адам. Договорились. Отдашь Вале 190 шекелей.
— Я бы сказал, что недешёвая экскурсия.
— Да это потому, что там платные два входа. Вы побываете в Парке Кейсарии, потом Парк роз, барона Ротшильда, а затем Парк орхидей «Утопия».
— Ясно. Ладно, договорились.

Бен давно хотел побывать в Кейсарии. Лена владела туристическим агентством в городке, где он жил. Она занималась экскурсиями по Израилю, и он давно говорил ей, что хочет посмотреть Кейсарию (так называют этот город на иврите). Он был построен более двух тысяч лет назад Иродом Великим и назван в честь Римского Цезаря Августа, Цезарией. Особенности правописания на иврите превратили это имя в Кейсарию. Ирод, сын Антипатра, тогда ещё не был великим. Он не был евреем по происхождению и, если бы не помощь римлян, никогда бы не стал правителем Иудеи. Его отцу, хитрому интригану, Иудея обязана вторжению римлян, призванных на помощь для разрешения конфликта наследников на престол. Римлянине пришли и остались править Иудеей на долгие 300 лет. Ирод, тогда ещё молодой человек, подружился с одним из римских правителей, Марком Антонием. Досужие языки утверждали, что это была не просто дружба. Развращённые нравы римского общества могли предполагать всякое. Как бы то ни было, Ирод вернулся Прокуратором Иудеи, пообещав собирать большие налоги.

Народ Ирода не любил. Мало того, что он не был евреем, собирал увеличенные налоги, но ещё и попирал священные законы, вводя римские обычаи, и строил города с римскими символами и для римского образа жизни и развлечений. Он был жестокий правитель и вызывал всеобщую ненависть.

Место для строительства порта и города было выбрано на каменистом берегу Средиземного моря. Это был пустынный берег со старым, развалившимся строением под названием башня Стратона. Поверить, что там можно создать порт и город, мог только сам Ирод. У него было видение и умение создавать немыслимые по тем временам грандиозные проекты. Он строил города, порты, крепости и построил заново Второй Храм на месте Первого, Соломонова Храма.

На том месте, где находились руины Стратоновой башни, основали свой посёлок финикийцы. Персы захватили эти земли за 570 лет до новой эры. Иудейский царь Александр Яннай завоевал землю, где стояла Башня Стратона, за 100 лет до н. э. И присоединил к Хасмонейскому царству, Иудее. Но через 40 лет пришедшие римляне отвоевали эту землю. Башня Стратона была подарена Ироду. Последний построил большой город и порт, назвав его Кейсарией. Это было на рубеже новой эры.

Для того времени такое грандиозное сооружение, созданное всего за 12 лет, казалось не менее грандиозным, чем создание египетских пирамид. Понятно, что при создании города и порта погибло множество людей. Если вспомнить создание Санкт-Петербурга, Петром Великим через 1700 лет, стоившее множества человеческих жизней, можно представить, каковы были масштаб и сложности при сооружении порта и города. Был создан волнорез из огромных блоков, вывезенных в море и уложенных на морское дно. В городе, помимо прямых улиц с пересекающимися переулками, были созданы общественные бани, общественные туалеты, центральный храм и величественный царский дворец. Городу нужна была вода, и был проложен акведук, по которому в Кейсарию доставлялась вода. Огромный театр и ипподром украшали мраморные скульптуры. Мрамор привозился из Италии и Греции. Порт Кейсарии принимал многочисленные суда, привозившие товары. Кейсария была римским городом. Там жили римские прокураторы Иудеи. Среди евреев постоянно происходили брожения и недовольства, связанные с нарушением еврейских религиозных законов. Создание статуй, различных изображений людей или животных запрещалось заповедями Торы. Это воспринималось как кощунство и привело евреев к восстанию против римского владычества. Восстание было подавлено. Его главные зачинщики во главе с Бар-Кохбой были казнены.

Без пяти минут семь Бен вышел из дома. На улице стояла машина, явно поджидавшая его. Мужчина, сидевший за рулём, замахал рукой.

— Бен⁰ Иди садись, поехали быстрее.
— Здравствуйте, спасибо, что согласились меня подвезти.

Земля Обетованная

Помимо мужчины за рулём, в машине рядом с ним сидела пожилая женщина.

— Мы с бабушкой уже пять минут здесь стоим.

— Извините, я не знал. Я мог выйти раньше.

— Ладно, едем.

— А во сколько отходит автобус от Кармиеля?

— В 8:30, — ответила бабушка.

— Так у нас полно времени. Ехать нам минут 15-20. Как я понял, ваша бабушка едет на экскурсию.

— Вообще-то она моя мама. Дети зовут её бабушка, ну и мы с женой так же.

— Прошу прощения. Как я понял, вы недавно в Израиле?

— Я 12 лет, а вот бабушка приехала погостить.

Бен обратился к бабушке:

— Понятно. Как вам здесь? Не хотите переехать к детям на постоянно?

— Я-то хочу, но мне не разрешают здесь остаться.

— Какая дикость! Дети здесь, внуки здесь, а вам нельзя?

Все помолчали, каждый по-своему переживая сказанное. Бен на заднем сиденье откинулся на спинку и размышлял о несправедливости людских законов. Водитель что-то постоянно рассказывал своей маме, называя её бабушкой. Было плохо слышно, но Бен не стремился участвовать в чужих разговорах. Автомобиль взобрался на гору и теперь по крутой дороге мчался на приличной скорости, спускаясь вниз, в ущелье между двумя горами. Как и большинство водителей, Бен относился критично к тем, кто сидел в данный момент за рулём. Ему казалось, что водитель очень неосторожно ведёт машину, не сбавляя на опасных виражах, и при этом, размахивая одной рукой, показывал на природные красоты бабушке-матери.

— Следил бы лучше за дорогой, — раздражённо думал Бен. — Ты посмотри, опять еле вписался в поворот. О, чёрт! Следи за дорогой, болван!

Все эти внутренние монологи произносились во время движения. Вдруг водитель решил пообщаться с Беном.

— А ты знаешь, где тахана мерказит, площадь в Кармиеле? Справа или слева при въезде?

— Как въезжаешь, с правой стороны.

— А мне кажется, с левой.

Бену не хотелось его раздражать. И так ведёт машину, как ненормальный.

— Мне кажется, что справа. Скоро уже приедем. На месте разберёмся.

Вскоре они подъехали к въезду в Кармиель.

— Бен, ты прав. Въезд справа. А мне казалось, что слева.

— Такое бывает. Главное, что доехали.

Водитель повернул к въезду на площадь тахана мерказит. Так в Израиле назывались центральные городские автобусные вокзалы. Предполагалось ехать прямо и по кругу, въезжать на площадь, где располагались многочисленные остановки. Это был пересадочный узел, ведущий в множество городов страны.

Но водитель вдруг решил круто свернуть направо и через несколько метров упёрся в знаки, запрещающие въезд.

— Это как же теперь ехать? Понаставили знаков, не проедешь.

— Наверное, надо было ехать прямо и по кругу выехать на площадь. Может, сдать назад, а потом повернуть и ехать прямо?

Водитель, осознавая свою оплошность, стал сдавать машину назад. Сзади раздался резкий звук сигнала, и мимо них, вильнув, проехал большой пассажирский автобус.

— О, чёрт! Откуда он взялся? Чуть в зад не влепил!

Земля Обетованная

Бен молчал, понимая, что сзади сидит он сам.

— Давай я вылезу и посмотрю, пока ты разворачиваешься.

— Сиди, сиди. Сейчас развернёмся. Я же профессионал.

— Да я не сомневаюсь. Просто хотел помочь.

Машина стала разворачиваться и в неё едва не врезался, неизвестно откуда взявшийся ещё один автобус. Водитель автобуса возмущённо загудел, а затем, высунувшись в окно, разразился бранью на арабском. Бен вытерев мгновенно вспотевший лоб, решительно вылез наружу. Сынок с перепуганной бабушкой проехали по кругу и остановились на абсолютно пустой верхней площадке. Была суббота, а это значило, что никакой общественный транспорт не работает.

— А где же наш автобус? Вообще-то ещё рано. У нас ещё есть минут 10, — заметил Бен.

— Вот и хорошо. Мы лучше подождём здесь, — облегчённо отозвался профессиональный водитель.

— Автобус, который чуть в нас не врезался, остановился внизу. Пойду узнаю, вдруг это наш.

Бен спустился по насыпи на нижний ярус. Дверь автобуса была открыта, и оттуда не выпорхнула, но медленно и осторожно выползла женщина.

— Вы Андрей?

— Нет, я Бен.

— Ой, да, вы Бен. Я перепутала. А где Люда? Она с вами?

— Это, наверное, женщина, с которой мы приехали. Я её сейчас позову.

Пока Бен карабкался наверх, на автобусную площадь въехала полицейская машина. Она остановилась неподалёку, и сидевшие в ней двое полицейских что-то строго выговаривали на иврите удивлённо смотревшему водителю. Бен, с большим трудом окончивший курсы языка для иммигрантов и запомнивший мало слов, понял, что стоять здесь запрещено. Сын, привёзший маму-бабушку, не мог взять в толк, чего от него хотят представители власти.

— Слушай! Они говорят, что здесь стоять нельзя, надо уезжать. Наш автобус внизу.

— Хорошо, хорошо. Я всё понял. Я уезжаю, — на чистом русском языке извинился водитель перед полицейскими. — Бабушка, я за вами приеду.

— Вы Люда? Идёмте вниз. Там наш автобус, — обратился Бен к спутнице.

— Пойдёмте, я так испугалась, когда приехали полицейские.

— Они просто говорили, что там стоять нельзя. А ваш сын не владеет ивритом?

— Моя невестка хорошо говорит на иврите. И внуки мои тоже разговаривают, а сынок всё время работает. Когда ему учиться. Он работает с русскими ребятами в бригаде строителей. У него золотые руки.

У автобуса их ждала организатор тура, Валя.

— Здравствуйте, Люда. Я Валя. Заходите в автобус, занимайте места, и мы едем собирать остальных туристов. Хотите впереди? Садитесь, садитесь.

— А я пойду дальше. Я люблю сидеть в конце автобуса. Вам, когда деньги отдавать? Сейчас или вы подойдёте? — поинтересовался Бен.

— Проходите, Бен. Садитесь, я к вам подойду.

Автобус тронулся и стал останавливаться в местах, оговорённых заранее. Туристы заполняли свободные места, и вскоре автобус был полон. Раздался характерный шорох при включении микрофона.

— Здравствуйте, дорогие туристы. Я, Валя. Те, кто со мной уже ездил, меня знают. Среди нас много гостей из России. Я рада вас всех приветствовать на земле Израиля. Нам с вами предстоит прекрасная экскурсия на сегодня. Сейчас мы едем в Хайфу, где нас ожидают ещё несколько туристов и наш гид, который и будет нам рассказывать и показывать те достопримечательности, которые запланированы на сегодня. А пока, пожалуйста, приготовьте оплату за тур. Я ко всем подойду. Пожалуйста, не беспокойтесь.

Автобус въехал в Хайфу и стал взбираться вверх по дороге. Улицы были пустынны, и вскоре они доехали до назначенного места встречи. Этот район считался центральным и назывался Адар. Когда-то цветущий район города теперь казался запущенным и даже опасным. Бену говорили, что район захвачен наркоманами и пребывание в нём небезопасно. В автобусе появились высокий мужчина и две женщины. Захрипел микрофон.

— Уважаемые туристы! К нам присоединился наш гид, Андрей. И наши последние туристы. Передаю микрофон Андрею.

— Всем привет! Я буду вашим гидом на всём протяжении нашего тура. Нам предстоит посещение Кейсарии, построенной Иродом Великим. Вторая остановка — парк роз Ротшильда, и наконец, третья остановка — парк Утопия.

Сегодня у нас смешанная группа. Те из вас, кто был со мной на экскурсии в крепость Масада, знают об Ироде Великом многое из того, что я рассказывал. Наши гости из России, вероятно, хотели бы узнать об Ироде Великом побольше. Я постараюсь не повторяться, а если кому-то станет неинтересно, будьте терпеливы. Ирод Великий получил право быть прокуратором Иудеи из рук Марка Антония. Говорят, что любовница Марка Антония, Клеопатра, тоже претендовала на права над Иудеей, но Марк Антоний предпочёл Ирода.

Последний всегда и не без оснований подозревал различные заговоры и именно поэтому развернул строительство на древней горе-крепости Масада. Вы помните, какие там были устроены хранилища для сбора воды, запасов продовольствия и условия проживания до тысячи человек. Там он прятал свою семью во время опасности. Ирод был другом и верным соратником Марка Антония, а когда последний потерпел поражение от Октавиана Августа, покончил с собой, а за ним и Клеопатра, то все были уверены, что Ироду пришёл конец. Октавиан Август стал первым римским императором. И Ирод был вызван на расправу. Все ждали его казни, но он вернулся в Иудею ещё более могущественным. Он сумел доказать Цезарю, что он верный друг и будет теперь верно служить императору.

Кейсария, порт и город, был создан в честь Октавиана Августа так же, как Тверия в честь императора Тиберия. Ирод был верным союзником и вассалом Рима, и всё, что он создавал, не считая Второго Храма, было создано для прославления Рима и его образа жизни. Мы скоро будем на месте. На улице жарко, не забывайте взять с собой воду и головные уборы.

Нам предстоит пешая прогулка по национальному парку Кейсария. Это большое открытое пространство восстановлено из материалов, найденных на месте раскопок. Выходим из автобуса и собираемся у входа в музей. Наша экскурсовод Валя покупает билеты, и мы проходим внутрь. При входе есть туалеты. Кто хочет, может немного отдохнуть. Нам нужно многое посмотреть, поэтому не расслабляйтесь и идите за мной и не отставайте.

Вскоре все собрались и двинулись к первому сооружению, которое представляло приподнятую площадку с несколькими мраморными фигурами.

— Если вы помните, — начал Андрей, — я рассказывал, что мрамор привозили из Италии или Греции. Всё, что вы увидите, найдено при раскопках в Кейсарии. До Ирода здесь были финикийцы, затем был эллинистический период.

— Вы хотите сказать, греческий период, — блеснула знаниями одна из туристок.

— Нет. Именно эллинистический. Это произошло после войн Александра Македонского. Он был македонец, а не грек. После его смерти произошёл раскол между его наследниками. Иудея и Сирия отошли к династии Селевкидов, а Египет — к династии Птолемеев. При сирийском правителе Антиохе четвёртом появились запреты на любые религии, кроме государственной. В еврейском храме приносили в жертву свиней, что в конечном итоге привело к восстанию и изгнанию греков из Иудеи.

Гид был загорелым до черноты, говорил и двигался быстро и резко, не обращая внимания на стоны и причитания бегущих за ним под палящим солнцем в 30-градусную жару. Народ в группе был разным. Молодые и не очень. В подавляющем большинстве в возрасте, упитанной комплекции. На все просьбы замедлить стремительное передвижение от объекта к объекту гид немедленно соглашался, но уже через минуту бежал впереди всех к следующему памятнику старины.

— Мы сейчас пойдём вдоль побережья Средиземного моря, где Ирод построил морской порт. При строительстве волнореза применялся так называемый римский бетон. Материал под названием пуццолан привозился из Италии. На берегу создавали полые формы, загружали камнями, известью и пуццоланом. Эти относительно лёгкие формы вывозили в море. При заполнении морской водой материал застывал, как бетон, и погружался на морское дно. Южный мол протяжённостью 500 метров и северный мол в 275 метров. Волнорез отгородил бухту и послужил основанием для создания внутренней гавани, частично выкопанной, она служила прибежищем судам, попавшим в штормовую погоду. Царь Ирод построил свой дворец на рифе, выдающемся в море. Дворец был двухуровневый, с мозаичными полами и бассейнами.

Было реально жарко. Бен, как обычно, собираясь в длительную поездку, готовился накануне. Небольшая коробочка с сухофруктами и орехами. Одежда и обувь, которая подходит к предстоящей поездке, и, как обычно, всегда что-нибудь забывал. В этот раз он долго обдумывал, какой головной убор будет удобней. Выбор был между знаменитой шляпой с широкими полями или пляжной адидасовской кепкой. Выбор был сделан в пользу кепки, но он забыл и её. Экскурсовод Валя не преминула это отметить.

— Бен. Где ваш головной убор и вода?
— Головной убор забыл, а вода в автобусе.

Шустрый гид обогнал группу и взобрался на большой камень.

— Сейчас мы погуляем по городу. Правильнее было бы сказать, по тем остаткам, которые удалось восстановить при раскопках. Под улицами города располагалась целая система сточных каналов. В центре города находился храм, посвящённый Октавиану Августу, с величественной статуей последнего, не уступающей олимпийскому Зевсу. Смотрите на остатки мозаичного пола. Город был идеально спланирован. Центральный рынок, общественные бани, общественные туалеты. Римляне были чистоплотными для своего времени. Они брились. В общественных туалетах пользовались специальными губками. Бумаги тогда, как вы сами понимаете, не было.

От города Кейсарии остались только восстановленные руины. Никаких строений, естественно, не было, но контуры зданий были видны, отмеченные каменными блоками.

Гид шустро перепрыгивал с блока на блок, а за ним, но не так шустро, поспевали отдельные туристы. Те, кому было не до прыжков, обречённо брели по каменюкам. Выбора особого не было. Весь город был под ногами в виде архитектурных раскопок.

— Вот видите? Здесь были общественные бани. Вот здесь

разжигали огонь, тёплый воздух согревал здание и подогревал воду.

— Смотри ты, как хитро задумано, — поразился один из туристов.

— Да. Очень хитро. Подумайте только! Более двух тысяч лет назад. А сейчас пойдёмте знакомиться с общественными туалетами.

Гид, перепрыгивая с камня на камень, ждал туристов у следующей экспозиции. Вдоль каменной стены было сооружено нечто, похожее на длинную каменную скамью. Сиденья из каменных блоков были уложены так, что между ними были неширокие просветы.

— Вот видите? Так были устроены общественные туалеты. На них, в отличие от сегодняшних стульчаков, было очень удобно сидеть. Можно было сидеть хоть целый день. Внутри текла вода, так что запахов не было. Люди общались и не испытывали неудобств. Тогда не было женских и мужских отделений. Юнисекс. На стенах висели плетёные мочалки, которыми пользовались после туалета.

— Чё-то я не пойму! Они чё, все вместе сидели, да ещё разговаривали?

— Для нас, современных людей, может, эта культура и не совсем понятна. Но для римлян была весьма привычна.

— Фу! Это ужасно, — расстроилась одна из пожилых дам.

— Ладно, господа. Из песни слова не выкинешь. Мы идём на ипподром.

Туристы вслед за гидом вышли за городскую черту и оказались на большом песчаном поле.

Справа плескалось о каменный берег Средиземное море, а слева шёл длинный древний амфитеатр. Каменные ступени спускались к песчаному полю. В некоторых местах в каменной кладке виднелись просветы.

Шимон Гарбер

— Мы с вами находимся на ипподроме. Здесь проводились различные соревнования. В длину это двести пятьдесят метров и пятьдесят в ширину. Соревнования на колесницах, различные спортивные игры, бои гладиаторов, а также игры с дикими зверями. Сам амфитеатр был построен на десять тысяч зрителей. Видите, проёмы в каменной кладке? Возможно, это были выходы к конюшням. Зрелище на берегу моря было грандиозным. И мы с вами направляемся к последнему нашему объекту в Кейсарии, театру.

Всё в таком же быстром темпе, туристы бежали вприпрыжку, пытаясь догнать неутомимого гида.

— Театр царя Ирода является древнейшим театром, обнаруженным на территории Израиля. Он двухъярусный, и можно посадить одновременно четыре тысячи зрителей. Широкая сцена была восстановлена и покрыта штукатуркой, напоминающей мрамор. Задник широкой и глубокой сцены оформляли высокие, в три этажа колонны. Они опирались на стену и служили декорацией для сцены.

— Скажите, а сейчас тоже театр используется по назначению?

— Да, конечно. Я однажды даже был на одном из концертов. Зрелище на фоне моря феерическое. Но я не смог дождаться конца и ушёл.

— А что случилось? Вам не понравилось представление?

— Не в этом дело. Когда ты сидишь, то в спину упираются ноги сидящего выше тебя, а каменные скамейки настолько жёсткие, что у меня всё заныло. Мы выходим из парка Кейсарии. Кто хочет воспользоваться туалетом, вперёд. Собираемся у выхода через пятнадцать минут, идём к автобусу.

Туристы, разомлевшие от жары и уставшие бегать за неугомонным гидом, повалились на бесчисленные скамейки, стоявшие в тени при выходе из парка Кейсарии. Но тень не спасала от нагретого воздуха.

— Пошли лучше в автобус. Там хоть мазган работает.

Эта здравая мысль придала заряд бодрости исстрадавшемуся народу, и все с неожиданным проворством взбирались в спасительную прохладу автобуса.

Экскурсовод Валя пересчитала собравшийся народ.

— Все на месте? Наша следующая остановка — парк роз Ротшильдов. Хотите ехать прямо туда? Или мы можем сделать небольшую остановку, и вы сможете перекусить? Учтите, у нас ещё будет обеденный перерыв, так что мы можем ехать прямо в парк.

Голоса проголодавшихся заглушали голоса всех несогласных.

— Да, да! Давайте немножко покушаем, — выразила всеобщее желание весьма габаритных размеров тётя. Её тело требовало подбросить угля в топку.

— Значит, едем на перекус? Но недолго. Минут двадцать, не больше.

Автобус недолго покрутился и подъехал к площадке, оборудованной для пикников. Там были столы со скамейками, баки для мусора и сторож в униформе для порядка. Народ, подхватив баулы и котомки, радостно высыпал наружу.

— Друзья! У нас есть двадцать минут. Сорить нельзя, бросать можно только в мусорные баки, на траве не валяться и кусты не ломать.

Люди, понимая, что время ограниченно, а съесть хочется как можно больше, поспешно выгружали варёные яйца, бутерброды с копчёной колбасой и прочие деликатесы, пережившие тридцатиградусную жару. Опытные люди открывали молнии на специальных коробках, где могло храниться продовольствие в свежем виде долгое время, несмотря на жару.

Адам скромно открыл пластмассовую коробочку с орешками и сухофруктами. Бутылка с уже тёплой водой довершала небольшой перекус. Время пролетело мгновенно. Народ неохотно отрывался от столь привлекательного занятия и поспешно кусал то, что съесть уже не успевал.

Парк роз барона Ротшильда

Автобус тронулся, направляясь к следующей цели путешествия, парку роз барона Ротшильда. В автобусе зазвучал голос гида:

— Итак, мы едем на экскурсию великолепного Парка Роз. Барон Ротшильд, похороненный в этом парке вместе с супругой, Аделаидой, были верными поклонниками Израиля. Они финансировали многочисленные проекты в стране.

Предок династии Ротшильдов, Амшель Мозес Бауэр в детстве подружился с наследником Гессенского дома, Францем. Подросший Амшель Мозес Бауэр владел ювелирной мастерской и занимался обменом валюты и торговлей золотом. Фамилия Ротшильд появилась из-за красной эмблемы щита на вывеске мастерской. Красный щит, на немецком Rothchild, стал фамилией династии. Вовремя наполеоновских войн в город, где жила семья, вошли наполеоновские солдаты. Франц второй, убегая от врага, попросил друга, Амшеля Мозеса, спрятать фамильные драгоценности. Ворвавшиеся в город солдаты потребовали от Амшеля Мозеса выдать все ценности, угрожая, в противоположном случае, убить всю его семью. Амшель Мозес подчинился и отдал всё, что у него было. Когда враг был разбит и австрийцы вернулись, Амшель Мозес вернул все доверенные ему драгоценности — единственное, что он не отдал французам. В 1816 году император Австрийской Империи, Франц Второй пожаловал Ротшильдам баронский титул.

Сын Амшеля, Майер Амшель Ротшильд, стал основателем династии. У него было пять сыновей: Майер, Соломон, Натан, Калман и Джеймс. Отец разослал сыновей в пять крупнейших столиц Европы. Так была основана империя Ротшильдов. Барон Эдмон де Ротшильд был покровителем еврейского поселенческого движения в Палестине. Он выкупал участки земли и помогал бежавшим от погромов в России евреям переселяться в Палестину. Ротшильд давал деньги Еврейскому колонизационному обществу и был его президентом. Он же поддержал создание Израильского государства.

Зихрон-Яков

— Друзья мои! Мы приехали в Парк роз. Барон Эдмон де Ротшильд на выкупленном большом участке земли создал удивительный по красоте парк. Согласно завещанию, в этом парке были захоронены в усыпальнице его останки и жены Аделаиды. Он назвал это место Зихрон-Яков в честь отца — дословно, в память о Якове. К сожалению, мы не сможем посетить усыпальницу. Вход в неё в последнее время закрыт. Но мы сможем полюбоваться прекрасным парком и увидеть, и понюхать большое количество специй, высаженных на специальной площади, которую также называют Площадью Слепых.

— Откуда такое название? — выкрикнул кто-то из туристов.

— Наверное, такое название дали, потому что слепые не могут эту красоту увидеть, но смогут обонять. А сейчас все выходим из автобуса и проходим в парк. Вход бесплатный, поскольку так хотел барон Ротшильд.

Шимон Гарбер

Туристы выпархивали из автобуса и проходили в ворота парка.

— Друзья мои! Все собрались? У нас запланирован час времени на экскурсию по Парку Роз. Говорить здесь особенно нечего. Мы с вами ходим, любуемся парком, смотрим вид на долину и получаем заряд бодрости и красоты. Через час собираемся в автобусе и едем на обед. Я думаю, минут 30-40 нам хватит. Затем отправляемся на нашу последнюю экскурсию на сегодня, парк «Утопия». Согласны?

Нестройные голоса: — Согласны!

— Тогда не торопясь гуляем по парку и любуемся его красотами.

Гид шёл впереди. Народ нестройными рядами двигался за ним. То тут, то там слышались восторженные восклицания и ахи.

— А ты видела эту красоту? У меня есть дома нечто подобное, но здесь это просто волшебное какое-то!

— А ты посмотри сюда! Розы белые, фиолетовые! А вот вообще чёрные!

Женская часть млела и восторгалась. Мужчины кивали головами в знак согласия и со значительным видом обнюхивали розы. Парк был огромный и невероятно красивый. Его безупречно спланировали, и было понятно, что здесь трудится много народу.

Бен догнал гида.

— Могу я у вас спросить? За вход денег здесь не берут. Народу, как я понимаю, тут трудится немало. Кто всё это оплачивает?

— Барон Ротшильд задолго до своей кончины создал специальный фонд для поддержания Зихрон-Якова в надлежащем порядке. Фонд небедный, имеет свой устав и, согласно завещанию барона Ротшильда, распоряжается всем здесь.

— Фонд, — это понятно. Наверное, за все эти годы фонд неплохо заработал.

— Как все крупные фонды, они не трогают основной капитал, а даже наоборот. Разумно инвестируют в надёжные и гарантированные инструменты. Есть совет директоров из очень известных и порядочных людей, они всё и решают.

Туристы подошли к круглой площади, где были высажены различные травы, более известные как специи. Адам пошёл по кругу, рассматривая различные травы и принюхиваясь к ним. Около каждой посадки была воткнута в землю небольшая табличка с надписью на трёх языках, указывающая, какая травка здесь посеяна.

Адам незаметно отрывал небольшой лепесток и, растерев между пальцами, нюхал, стараясь определить растение. Там росли несколько сортов базилика, два разных орегано, тимьян, мята, лавр, розмарин, бадьян, лаванда и множество других трав, о которых он даже не слышал. Туристы делились впечатлениями, так же стараясь незаметно отщипнуть листочек и обнюхать. Каждая трава-специя росла не в единственном экземпляре, а по два и три вида.

Адам боролся с естественным желанием нащипать всё, что здесь растёт, и умыкнуть домой. А там уже готовить, добавляя во все блюда.

— Друзья! Давайте потихоньку выдвигаться к выходу. Поедем обедать.

Дружный хор голосов выразил всеобщее согласие.

Парк, Утопия

Прежде чем познакомиться с парком Утопия, группа отправилась в местечко, Желание. Оно было прозаичным и очень человечным. Поесть чего-нибудь, кому что Бог послал. А послал он всем разное. Это выяснилось на ближайшей остановке. Автобус заехал на большую заправочную станцию, где располагалась большая зона для желающих пополнить свои истощённые энергетические запасы. Несколько зон, как внутри кафетерия, так и снаружи, для тех, кто любит погорячее. На улице было реально жарко, и Бен зашёл внутрь. Там было два зала с длинными прилавками, за которыми мальчики и девочки варили кофейные напитки, отпускали разные булочки, сэндвичи и различную воду в бутылках.

Многочисленные автобусы подвозили свежих едоков, но ещё больше было людей, проезжающих это место на своих автомобилях. Это была центральная трасса, и два абсолютно идентичных острова, стоящих по обе стороны шоссе, заправляли людей и автомобили. Шерутимы, то есть места для обслуживания, тоже изобиловали очередями страждущих путешественников. Бен, отдав должное месту для обслуживания, пристроился к живой очереди в кассу. Шустрая девочка, покрикивая на бестолковый народ, требовала заказ, затем оплату, а затем отгоняла к следующей девочке или мальчику на линии.

Бен приготовился быстро, по-армейски отвечать на вопросы.

— Что тебе? — поскольку на иврите нет слова вы, поэтому все просто, без затей тыкают.

— Большой капучино.

— Имя?

— Бен.

— 22 шекеля.

Бен расплатился, получил чек со своим именем и передвинулся к следующей очереди. Там девочка и мальчик в поте лица своего трудились над заказами, которые у них печатались, как копии, при любом заказе. Они были сосредоточенны и действовали как заведённый механизм. Они выхватывали из печатного устройства очередной заказ, с поражающей быстротой его выполняли, ставили на прилавок, выкрикивая имя, пропечатанное в заказе.

Смотреть на них было любо-дорого. Поток страждущих не иссякал, а они продолжали на той же скорости, не снижая темпа, выполняли заказы с точностью чёткого механизма. По залу мелькало ещё множество мальчиков и девочек. Они убирали за неряхами, пополняли запасы воды, всяких причиндалов для чая и кофе, салфеток бумажных и всего остального.

— Бен⁰

— Я!

Он получил большую чашку, полную до краёв белой пенкой, и осторожно направился к стенду, где хранилось всё необходимое для кофе и чая. Израильтяне часто хвастливо говорят, что вот у них, мол, Старбакса нет. Последний произвёл революцию в кофейном мире. Его копируют во всех деталях, от названий ассортимента и приготовления до подачи и упаковки. Израиль не является исключением. То, что все приличные кофейни являются, как говорят американцы, копикет, то есть точная копия, сомнения не вызывает. Бен подошёл к стенду, на котором хранились крышки для чашек всех размеров, палочки для размешивания, салфетки, сахар в пакетиках, корица и шоколад в порошке. Он добавил всего понемногу и, закрыв кофе крышкой, нашёл место за пустым столом. Он вытащил коробочку с остатками сухофруктов и орехов и принялся за свой обед. Время ещё было, и он, прихлёбывая кофе, осматривал столы, где серьёзная публика серьёзно откушивала. В ход шли домашние заготовки в виде котлет, салатов и приличных бутербродов. Жёны заботливо подкладывали беспечным мужьям лучшие куски. Видя, что всё идёт хорошо, они могли и себя побаловать чем-то вкусненьким. От всех этих путешествий аппетит разыгрывается не на шутку.

У всего, даже самого приятного, наступает конец. Да и время,

Шимон Гарбер

отведённое на перекус, заканчивается. Мужчины уходят на улицу курить и обменяться впечатлениями. Хлопотливые жёны заворачивают специальные коробочки до следующего раза. Народ потянулся к автобусу.

— Все собрались? Надеюсь, вы подкрепились и готовы к нашей следующей и последней на сегодня остановке, парк Утопия?

Автобус вырулил на шоссе и двинулся на север.

— Друзья! Немного про парк Утопия. Его ещё называют Парком Орхидей. Мы побываем в тропическом лесу. Это дождевой лес, тысячи редчайших орхидей, тропические растения, утёсы, водопады, бассейны, холмы и мосты. Вы сможете увидеть открытый сад, где расположен водоём с музыкальными водяными фонтанами. Мы увидим разнообразных тропических рыб в открытом бассейне, живых попугаев, хищные растения, черепах и райских птиц. Экскурсовод там не нужен. У вас есть полтора часа на то, чтоб всё посмотреть. Там можно приобрести любые растения и цветы, а также всё для цветов. Мы подъедем, экскурсовод Валя приобретёт для всех билеты, и мы встречаемся у входа через полтора часа. Приятной прогулки!

Бен вслед за толпой двинулся ко входу в парк Утопия. Валя выдавала всем входные билеты, а гид — брошюрки на русском языке. Вообще в Израиле два официальных языка, иврит и арабский, но во всех туристических местах были рекламы на русском. Сразу за входом находилось громадное помещение, где были бесчисленные стенды с различными товарами для любителей садово-ландшафтной архитектуры. Тысячи горшков всех форм и размеров. От миниатюрных до огромных, которые один человек утащить не в состоянии. Всевозможные настенные, напольные и подвесные украшения и орнаменты. Дальше располагались всевозможные цветы, включая орхидеи. Рассады в горшочках и в семенах. Как выяснилось, парк Утопия расположен в кибуце, Бахан. Он-то и занимается выращиванием и продажей всех диковин.

Народ двигался дальше, фотографируя и живо обсуждая, что у кого уже есть и что необходимо приобрести, но уже при выходе. Первым местом, куда все попадали, пройдя через тёмный коридор, был тропический лес с водопадом и большим озером посередине. Сверху свисали лианы и летели брызги от водопада. Они попали в тропики. Было душно и влажно. В большом водоёме плавали разноцветные большие рыбки, а на большом камне сидели два бронтозавра. Вволю нащёлкав удивительных видов, народ двигался дальше, следуя указаниям начертанных стрелок. Весь это огромный парк был разбит на несколько зон. Повсюду росли удивительные орхидеи всех расцветок и форм. Бен увидел гида, фотографирующего орхидеи, приближая аппарат к самим цветкам. Впрочем, многие делали то же самое. Бен поснимал наиболее неожиданные формы и раскраски цветов.

Проспект предлагал 53 остановки. Было понятно, что за отведённое время всё осмотреть невозможно. Бен выбрал самые интересные для себя и двинулся на поиски самых удивительных орхидей. Ванильные действительно пахли ванилью, другие поражали причудливыми формами и красками. Женщины млели и таяли от восторга, не в силах устоять перед дивной красотой. Бен долго искал указанную тропу специй, но так и не нашёл. Зато он увидел всяких райских птиц и здоровенных попугаев, удивительные бананы и хищные растения.

Брошюрка предлагала посмотреть на улице музыкальные фонтаны и классический лабиринт. Бен побродил по саду роз, полюбовался на рыб и черепах, но позорно бежал обратно в тенистый, хотя и душный тропический лес. На улице было настоящее пекло. Он забыл свою шляпу или кепку и чувствовал, что лицо и шея прилично подпеклись.

Шимон Гарбер

Бен вернулся в большой зал, откуда начиналась экскурсия. Там стоял здоровый вентилятор на толстенной ноге. К нему был подсоединён шланг от бочки с водой. Вентилятор шумел метровыми лопастями и разбрызгивал прохладную воду. Бен пристроился рядом на скамейке, ожидая свою группу.

Первым появился высокий крупный мужчина, держа на вытянутых руках большую орхидею. Было ясно, что он выполнял чей-то заказ. Орхидея не дешёвый цветок. Потом стали появляться женщины, несущие к кассе небольшие горшочки с рассадой и декоративные горшки.

Судя по восторженным возгласам, женская часть группы была абсолютно покорена увиденным и пережитым.

Обратный путь казался лёгким и славным, а автобус удобным и прохладным.

Земля Обетованная

Шимон Гарбер

ЗЕМЛЯ ОБЕТОВАННАЯ

РОЖДЕННЫЕ БЫТЬ МИГРАНТАМИ

ИСТОРИЯ НЕНАВИСТИ

Это эссе не претендует на художественный рассказ или историческое исследование истории иудейского народа. Все данные присутствуют в открытом доступе. Желание поделиться своими мыслями о том, что часто вопрошают себя и окружающих люди, волею судьбы, родившиеся иудеями, вечными мигрантами.

Автор

Земля Обетованная

*...Идёт ветер к югу.
И переходит к северу,
кружится, кружиться...
И возвращается ветер
на круги свои.*

Екклесиаст

Иудейский народ, прошедший через тысячелетия изгнания с земли предков, и подвергавшийся немыслимым страданиям и гонениям. Этот народ всегда верил, что придёт время и он вернётся на землю отцов своих, землю обещанную (обетованную) Господом, праотцу Аврааму и его предкам. Автор лишь пытается понять в чём причина такой непреходящей ненависти к иудейскому народу. Тому, кто принёс в мир понятие единого Бога, десять заповедей цивилизованного общества и надежду на приход Миссии и воцарения мира и благополучия, для всех без исключения существ на Земле.

Израиль сегодня, удивительное место, где переплелись не только религии, но и древние цивилизации. В этой маленькой стране, прилепившейся вдоль побережья Средиземного моря, окружённой со всех сторон врагами, желающими покончить с этим непокорным народом раз и навсегда, но вынужденными терпеть, в ожидании благоприятного момента. Иудеи, собравшиеся на землю предков со всех концов земли, за короткий срок превратили запущенные и пустынные земли в цветущий сад.

Не одно тысячелетие, противники населяющего эту землю народа, огнём и мечом разрушали это государство и уводили народ в рабство, но он упорно стремился вернуться на землю своих предков, в свою столицу Иерусалим, и в день Страшного Суда, народ в молитвах своих обещал вернуться в Землю Святую. Землю Обетованную.

Тора-Библия-Ветхий Завет рассказывают:

…И Господь сказал Аврааму: — Я, Бог Всемогущий; …и поставлю завет Мой между мною и тобою…и дам тебе и потомкам твоим после тебя землю, … всю землю Ханаанскую, во владение вечное…ты же соблюди завет Мой, ты и потомки твои…

Внук Авраама, Иаков, получивший от Господа имя Израиль, был благословен двенадцатью сыновьями, (коленами Израилевыми).

Совершили тяжкий грех сыновья Израиля и были осуждены пребывать в рабстве египетском долгие столетия. Но пришёл день освобождения и ведомые посланником Господа, Моисеем, иудеи вышли из Египта. Сорок лет, Моисей водил их по пустыне, решив вытравить из народа остатки страха, рождённых в рабстве, перед тем, как войти в земли, завещанные Господом Аврааму и его потомкам.

Земля Обетованная

Моисей, иудейский пророк и законодатель, основоположник иудаизма. За 1500 лет до н.э. он заложил основы религиозных и социальных правил и устоев нации и будущего государства. Монотеистическая религия и десять заповедей, продекларированных Моисеем, предопределили судьбу не только нации, но и всей человеческой расы.

1. Бог един
2. Не создавай себе кумиров
3. Не произноси имя Бога всуе
4. Седьмой день отдай молитве
5. Чти своих родителей
6. Не убивай
7. Не прелюбодействуй
8. Не укради
9. Не лги
10. Не завидуй

Переоценить влияние этих заповедей-приказов невозможно. Несмотря на то, что они постоянно и повсеместно нарушались, но социум, базирующейся на основе этих заветов-приказов, смог прожить до современности.

Христианство и мусульманство, базирующиеся на основе иудейского Пятикнижия Моисея, тем не менее, стали злейшими врагами и гонителями иудейского народа, причинившими последним неисчислимые тысячелетние страдания. Религиозный фанатизм и нетерпимость решила судьбу иудейского народа.

После смерти Моисея, иудеи, под предводительством Иисуса Навина, в долгих и тяжёлых сражениях с различными царями и народностями, из которых особой непримиримой ненавистью выделялись филистимляне, добились победы. Все завоёванные территории были разделенны между потомками двенадцати колен Израилевых.

Второй Израильский царь, Давид (1000-965 гг. до н.э.), перенёс Ковчег Завета (ларец с 10 каменными скрижалямизаповедями и Пятикнижием Моисеевым) в Иерусалим, а его сын, Соломон, построил Первый Храм, где и хранился Ковчег Завета.

После смерти царя Соломона (970-930 до н.э.), его наследник, царь Ровоам не смог удержать страну от распада, и она раскололась на две половины. Иудею, с двумя коленами, и Израиль, который образовали остальные десять колен.

Вторгшийся в Северно-Израильское государство царь Ассирии, Саргон II (732-722 до н.э.), разграбил страну и увёл в плен население страны, рассеяв их среди других народов, населяющих Ассирию. Эти десять колен ассимилировались среди других народов и были утрачены навсегда. Вместо них, по укоренившейся практике тех времён, на эти земли были переселены народности из Ассирии.

Затем и Иудея также подверглась нападению Вавилонского царя Навуходоносора (586 г. до н. э.) и после двухлетней осады, Иерусалим был разрушен. Первый Храм разграблен и сожжён. Кто смог, бежал в Египет. Большая часть населения Иудеи было уведено пленёнными в Вавилон.

«...выселил всех (иудеев) офицеров и солдат, и всех плотников и кузнецов...кроме бедного народа земли.»

Иудея и Самария были заселены другими народами из земель, подвластных царю Навуходоносору.

Неслись быстротечные воды реки жизни, унося одни царства и создавая новые. Ассирийский престол был завоёван персидским царём Дарием, а его сын, Кир (538г до н.э.), издал указ, разрешающий потомкам иудеев, уведённых в плен царём Навуходоносором, вернуться в землю их предков. Два колена Израилева, те из них, кто решил переселиться в Иудею, отправились восстанавливать опустошённую страну. Это была непосильная задача, но многие иудеи, бежавшие в разные страны, прослышав о том, что восстанавливается отчий дом, примкнули к энтузиастам. Во время правления персидского царя Артаксеркса, существовал священник-писец по имени Ездра, знающий закон Моисеев. Он отправился с новой группой переселенцев восстанавливать родной очаг. Ему приписывается создание первой рукописной Торы.

...от меня, царя Артаксеркса даётся повеление всем сокровищахранителям ...всё, что потребует у вас Ездра священник, учитель закона Бога небесного, немедленно дайте...

Стены Иерусалима были разрушены и ворота сожжены. Пришедшие из плена иудеи, под предводительством Ездры, а впоследствии и Неемии восстанавливали город из руин. Чинили стены, ворота и строили Второй Храм. Иерусалим бы воссоздан из пепелища, распахивалась земля и жизнь восстанавливалась в многострадальной Иудее. В Храме возобновились службы священников и левитов.

Пришло время завоевателя Малой Азии, Сирии и Египта, Александра Македонского (356-323 до н.э.). После его смерти, его полководцы (диадохи) поделили империю. В Египте, правила династия Птолемеев, династия Селевкидов в Сирии, куда и входила территория Иудеи.

Сирийский царь Антиох Епифан считал, что иудаизм основная причина сопротивления политики эллинизации иудеев. Были запрещены, под страхом смертной казни, традиции и обычаи, субботние службы, обрезания младенцев мужского пола, хранение свитков Торы. В Храм внесли статую греческого бога Зевса. В Храме резали свиней.

Иудеи восстали, во главе с происходящими из священнического рода Хашмонай, семьёй Макавеев (167-160 гг. до н.э.). Восстание увенчалось успехом. Храм был очищен и освящён.

Между потомками из рода Хашмонай постоянно возникали

споры по поводу прав на престолонаследия. Для разрешения спора были призваны римляне.

В 63 году до н.э. началась самая мрачная и трагичная страница в истории иудейского народа. Новые завоеватели мирового господства, под предводительством Помпея, завоёвывавшие Сирию, вошли в Иудею, под предлогом разрешения спора между братьями, кому должна принадлежать власть. Войдя в Иудею, они не собирались из неё уходить. Религиозная власть осталась в руках послушного Великого Сангедрина (юридический и религиозный суд, состоявший из 71 члена).

Призванный царём Гирканом, для разрешения спора о праве наследования, римский полководец Помпей, осадил Храмовую гору и после недолгой битвы захватил Храм, убив множество защитников. Иудейское государство прекратило своё существование и превратилось в Римскую провинцию, обязанную платить налоги в Римскую казну.

В конце тридцатых годов до новой эры, новым царём Иудеи, Рим назначил Ирода, обращённого в иудаизм, идумеянина. Этот, чрезвычайно жестокий и мстительный, подозревавший всех и вся правитель, собирал огромные налоги для своих римских хозяев. Прозванный Великим, он строил города, крепости, гавани и стадионы. Он отстроил и расширил Второй Храм и восстановил стены Иерусалима. Ирод умер в четвёртом году до н.э. Иудея перешла под прямое управление Рима, назначавшего своих прокураторов.

Один из них, Понтий Пилат, прославившийся чрезмерной жестокостью, вызвал неудовольствие римской власти. При нём волнения и мятежи происходили повсеместно. В это смутное время по стране бродило множество разбойничьих шаек. Многочисленные бродячие пророки предсказывали конец света, призывали к покаянию и грозили бесчисленными карами, на головы нераскаявшихся грешников. Среди бродячих проповедников, выделялся Иешуа-Иисус из Назарета. Несомненно, для своего времени он был необычайно выдающимся оратором. Обладал силой убеждения и магнетической притягательностью. Иешуа-Иисус был правоверным иудеем.

«...Не думайте, что я пришёл нарушить Закон (Тору). Истинно говорю вам: доколе не прейдёт небо и земля, ни одна йота или ни одна черта не перейдёт из Закона, пока не исполнится всё...»

Он соблюдал обычаи и религиозные традиции, преломляя опресноки (мацу) и отпивая вино, во время празднования Песах. В христианстве сохранились обряды, одежды священнослужителей, символика и обычаи. Сохранились слова из иудейского лексикона, «...амен, аллилуйя, осанна...». Сами обряды церковного богослужения заимствованы из синагогальных служб и молитв.

Сам Иешуа-Иисус не отрекался от иудаизма, но некоторые установления, которые он проповедовал, противопоставлялись учению иудаизма. Празднование Пейсах в иудаизме, превратилось в пасхальную трапезу в христианстве. (Тайная вечеря...преломление хлеба и чаша вина.)

Иешуа-Иисус прощал все грехи: «...Сын человеческий имеет власть на земле прощать грехи».

Иудаизм признаёт это право только за Богом.

Иешуа-Иисус: «...Не противься злому. Но кто ударит тебя в правую щёку, обрати к нему и другую. ...— Любите врагов ваших...и молитесь за обижающих вас и гонящих вас...».

Тора предписывает оказывать сопротивление злым людям: «...Искорени зло из среды своей...».

Новый завет утверждает, что прийти к Богу можно только познав Иисуса.

Иудаизм считает: «...Близок Господь ко всем призывающим Его...».

Шимон Гарбер

Иешуа-Иисус был распят по приказу римского прокуратора Понтия Пилата. Иудеи считали такую казнь неприемлемой, поскольку она очень жестока и мучительна.

Множество волнений и бунтов сотрясали Иудею и жестоко подавлялись. Через три года, Понтий Пилат был отозван в Рим цезарем Калигулой.

Иешуа-Иисус имел многочисленных последователей, называвшими себя христианами, верили, что он был миссия и должен вновь вернуться для установления нового и справедливого мира.

Симеон-Пётр и Шауль-Павел считаются апостолами христианской церкви, а Симеон, принявший имя Пётр, ещё и первым Папой Римским. Пётр соблюдал законы, предписываемые Торой. Шауль был ярым гонителем приверженцев Иешуа-Иисуса, но однажды ему приснился Иешуа-Иисус в образе Бога и Шауль, который никогда не встречался с Иешуа-Иисусом, приняв имя Павла, с такой же яростью, принялся проповедовать его учение. Павел требовал от последователей отказа от веры в учение Торы, считая, что вера в Христа самодостаточна и запрещал вновь обращённым соблюдать иудейские религиозные законы.

Понятно, что первыми христианами были иудеи. Но когда Павел отказался от соблюдения предписаний Торы, христианство перестало быть сектой иудеев и стало самостоятельной религией, используя учение Торы, как Старый Завет, до прихода Иисуса, сына Божьего и новой эры. Эта новая религия приобрела множество последователей. В отличие от учения Торы, которая утверждала, что Господь наказывает человека за любое нарушение многочисленных законов. Освободившись от учения Торы, достаточно лишь верить в Иисуса, доброго и всепрощающего.

Земля Обетованная

Иудея практически управлялась Римскими прокураторами. Они собирали назначенные Римом налоги, при этом, не забывая и собственные интересы. Иудеи возмущались не только грабительскими поборами, но и вмешательством Рима в назначении нового первосвященника. Антиримские настроения усилились во время правления императора Калигулы. В 39 году н.э. он объявил себя Божеством и приказал воздвигнуть его статуи во всех странах, подчинённых Римской империи. Иудеи не могли подчиниться этому приказу, поскольку это оскверняло Храм и религию, запрещавшую идолопоклонство. Калигула в ярости приказал разрушить Храм. Только внезапная гибель тирана спасла иудеев от полного уничтожения, а Храм от разрушения.

Но религиозные чувства иудеев продолжали подвергаться унижению. Римские солдаты врывались в Храм, жгли свитки Торы, устраивали оргии и грабили храмовые сокровища.

Всё это привело к восстанию. Во главе восстания была группа, так называемых зелотов. Они много лет вели тайную войну против римской оккупации. Убивали солдат и сборщиков налогов. Восставшие перебили небольшой гарнизон в Иерусалиме. Римский наместник в пограничной Сирии, Цестий Галл, отправил отряд солдат, но он тоже был разбит восставшими. Зелоты торжествовали и призывали народ к сопротивлению.

Рим отправил 60 тысячное войско тренированных в боях воинов, во главе с будущим императором Веспасианом. Эта армия вошла в Галилею, разбила и уничтожила восставших. Спасшиеся бежали в Иерусалим, последнюю твердыню восставших иудеев. Внутри города люди умирали от внутренних раздоров и голода.

Римские войска взяли Иерусалим штурмом, под предводительством сына Веспасиана, Тита. Римляне подожгли, разграбили и разрушили Второй Храм.

С этого момента было потеряно для иудеев, на последующие

долгие две тысячи лет, собственное государство. Осталась только внешняя стена Храма, священное место для всех иудеев.

Последствия этого восстания были ужасающие. Погибло более миллиона иудеев, оставшиеся в живых были уведены в рабство. Множество иудеев, которым удалось бежать, расселились в разных странах Малой Азии, Ближнего Востока, Африки и покорёнными раннее Римской империей, странам.

Титу Веспасиану, победителю Иудеи, устроили в Риме пышный триумф. Под сооружённой в честь победы аркой Тита, провели бесчисленные колонны захваченных в плен. Последние были одеты в различные одежды, первосвященника, храмовых слуг, воинов, торговцев, представителей различных профессий. Захваченные трофеи, храмовые сокровища, украшения и драгоценности показывали изумлённым римлянам. Многочасовой триумф закончился, по обычаю, казнью главарей.

Рассеяние

Оставшееся иудейское население влачило жалкое существование, под гнётом римских завоевателей. В 132 году н.э. вспыхнуло новое восстание в Иудее, под предводительством Бар-Кохбы. Его провозгласили Мессией и поначалу, иудеи даже одерживали победы. Но сломить военную машину Рима было не под силу, столь немногочисленным, хотя и отчаянным, разрозненным силам иудеев.

Они были разгромлены и изгнаны из своей страны. Иудеям было запрещено пребывание в Иерусалиме. Произошло окончательное рассеяние иудеев по всей, подвластной Риму территории.

Земля Обетованная

После первого принудительного расселения иудеев за пределами Израильского государства (732 г. до н.э.), в провинции Ассирии, теперь иудеи бежали в Месопотамию, Малую Азию и Египет. Иудеи селились во множестве стран эллинистического мира. Египетская Александрия стала одним из крупнейших мест сосредоточия иудеев. Острова Средиземного моря, а также северное побережье Чёрного моря. Иудейские общины существовали во множестве городов и областей Греции. Они также двигались дальше на Восток и Среднюю Азию.

Большое количество иудеев были привезены в Рим в качестве пленников. Некоторые получали свободу и становились гражданами империи. Иудейские общины возникали в южных областях Италии. Постепенно иудейские общины продвигались в Галлию и Испанию.

Иудейские войны с Римом принесли нации ужасающие потери. Сотни тысяч убитых и пленённых, но самое страшное, не только потеря собственной страны, но и религиозной святыни и символа веры, Иерусалимского Храма.

Риму эта победа досталась слишком дорогой ценой. Понимая, что иудейская вера в Единого Бога и новая зарождающаяся христианская вера, по сути представляли угрозу Божественной сущности Цезаря, Рим стремился искоренить из памяти народов существование иудейского государства. Римляне переименовали завоёванную землю в Палестину, чтоб окончательно стереть само понятие Иудея, завоёванное столь бесславно.

После падения Римской империи и образования отдельных западноевропейских королевств иудеи начали заселять страны Западной Европы.

Арабизированные североафриканские племена вторглись в

Испанию (711-712 гг.). Большая часть Пиренейского полуострова была завоёвана. На землях Иберии возникло мусульманское государство, Андалузия, просуществовавшее до 1492 года. Иудеи, во времена мусульманского правления были признаны как часть общества. Они занимали высокие посты и занимались международной торговлей. Но, как и везде, время от времени возникали антииудейские погромы, (Резня иудеев в Гренаде 1066 г).

Арабские завоевания способствовали проникновению иудеев в Среднюю Азию.

Рассеяние иудеев делилось на три основные группы. В Испании, (Сфарад на иврите) – сефарды, говорили на смеси иврита и испанского – ладино. В Германии, (Ашкеназ на иврите) – ашкенази, говорили на идиш, смеси германского диалекта и иврита. Иудеи расселившиеся в странах Северной Африки и странах Ближнего Востока —мизрахим, ассимилировалась в странах рассеяния, в подавляющем большинстве исповедующих ислам, воспринимая язык и культуру стран пребывания, но при этом сохраняя множественные традиции и обычаи своей религии.

Иудеи, в поисках лучшей доли расселялись во множество стран мира. От Канады до Австралии, Китай и Японию. А с открытием Американского континента, в Южную и Северную Америки.

Изгнания

История изгнаний иудейского народа имеет давнюю традицию:

1200 г. до н.э. – Исход из Египта

474 г. до н.э.   – Попытка изгнания иудеев из Ахеменидской

Империи (Персия) придворным Аманом, (личная неприязнь). Царь Артаксеркс казнил Амана.

19 г. н.э. – Римский император Тиберий, распорядился закрыть синагоги и отправить 4 тысячи молодых иудеев на военную службу.

50 г. - Изгнание иудеев из Рима императором Клавдием.

414 г. - Патриарх Кирилл. Изгнание иудеев из Александрии.

610 г. – Магомед (Мухаммед), Аравия. Основатель исламской религии. Не принятый поначалу соплеменниками, он переселился в Медину и попытался склонить иудеев принять его толкование единого Бога. Иудеи Медины отказались принять его, как нового пророка, тем самым нажив в его лице непримиримого врага.

613 г. - Испанские иудеи, отказавшиеся принять крещение, были изгнаны по приказу короля Сисебута. В 620 г. возвращены. В 638 вновь изгнаны.

1113 г. - Владимир Мономах на Руси объявил: «— Ныне выслать иудеев из земли русской со всем их имуществом и впредь не принимать их, а если они тайно войдут, то вольно их убивать и грабить». Этому предшествовал крупный иудейский погром т.к. население восстало против пребывания иудеев.

1171 г. – Изгнание иудеев из Болоньи и Рима.

1182 г. - Король Франции Филипп II Август опубликовал указ об изгнании из Франции всех иудеев и конфискации принадлежавшей им собственности.

1287 – Погром в Берне (Швейцария) и последующее изгнание в 1290 г.

1218 г. - Англия. Принуждение иудеев носить отличительный знак.

1290 г. - Английский король Эдуард 1 издал указ об изгнании иудеев из страны.

1657 г. - Кромвель, через 365 лет, после падения королевской власти, разрешил иудеям вернуться в Англию.

1306 г. – Король Франции Филипп VI Красивый издал указ о выселении иудеев из страны и конфискации всей их собственности.

1315 г. – Король Франции Людовик X разрешил иудеям вернуться, при условии уплаты большого выкупа.

1320 г. Власти Рима издали декрет об изгнании всех иудеев из Рима. Делегация богатых иудейских семей удалось добиться отмены декрета, но часть иудеев уже изгнали.

1348 г. - Повторное изгнание из Швейцарии. 1397 г. – Запрет на проживание иудеев в Базеле, в 1427 г. – в Берне, в 1428 г. – во Фрибуре, 1436 г. – в Цюрихе, в 1475 г. – в Шаффхаузене, в 1490 г. - в Женеве, в 1494 г. - в Тургау, в 1498 г. – в Лозанне. В 1622 г. -13 швейцарских кантонов решили изгнать иудеев «навечно».

1349 г. – Первое изгнание иудеев из Венгрии. 1360 г. – Повторное изгнание. И 1364 г. – Разрешили, но не всем, вернуться.

1394 г. – Французский король Карл VI вновь запретил иудеям жить в стране. Иудеи ушли их Франции на долгие 300 лет.

13-14 века – Изгнание из различных княжеств Германии.

1421 г. – По приказу Альбрехта V Австрийского все иудеи были арестованы. 270 человек были сожжены на костре по обвинению в ереси. Все, несогласные креститься, были изгнаны из страны, а их собственность конфискована.

1477 г. – Герцог Лотарингии Рене II изгнал иудеев из провинции.

1487 г. – Лиссабон, Португалия. Принятое постановление об изгнании иудеев, было отменено королём Жуаном II.

1492 г. Испания. Королева Изабелла I и король Фердинанд II, изгнали иудеев, не принявших христианства. Крещённые иудеи (мараны) находились под постоянной слежкой Святой Инквизиции и при малейшем подозрении отправлялись на костёр.

1492 г. – Изгнание с острова Сицилия Фердинандом II

1495 г. – Изгнание из Флоренции.

1495 г. – Князь Александр объявил об изгнании иудеев из Литвы. В 1501 г. разрешили вернуться. Даже возвратили отнятое имущество.

1496 г. – Король Португалии Мануэль I издал декрет об изгнании иудеев. Оставшиеся были насильственно крещены. Но это мало спасало от погромов.

1525 г. – Изгнание из Польши.

1530-1584 гг. – Русь при Иване Грозном. Пребывание иудеев на территории Руси запрещено.

1549 г. – Изгнание иудеев из Австрии. Оставшихся обязали носить отличительный знак.

1555 г. – Папа Павел IV издал буллу о выселении иудеев в специально гетто. Им запрещалось владеть землёй, торговать зерном, лечить христиан.

1569 г. – Папа Пий V издал буллу об изгнании иудеев из папских владений в Италии (кроме Рима и Анконы) а также из Франции.

1570 г. – Изгнание из Германии (маркграфства Бранденбургского).

1615 г. – Людовик XIII издал указ об изгнании иудеев из Франции и её колоний.

1622 г. – Изгнание из Швейцарии.

1647 г. – Английская революция. В 1657 снятие запрета на проживание иудеев в Англии.

1669 г. – Императорский указ об изгнании иудеев.

1727 г. – Императрица Екатерина I. Указ об изгнании иудеев.

1742 г. – Изгнание иудеев из России императрицей Елизаветой Петровной.

1835 г. – Российская империя. Указ Сенату о разрешении иудеям селиться в 6 западных губерниях, с запретом проживания в губернских городах. Разрешено проживание за «Чертой Оседлости». Непрекращающиеся погромы вынудили около 30 тысяч иудеев бежать в США. С 1881 г. по 1900 г. в США въехало ещё 600 тысяч иудеев.

1917 г. – Революция в России. Запрет антисемитизма.

1930 гг. – Приход к власти Адольфа Гитлера. Холокост.

1948-2000 гг. – Изгнание иудеев из мусульманских стран: Алжир, Египет, Ирак, Ливан, Ливия, Сирия, Тунис, Йемен и Аден.

Этот перечень официальных изгнаний, проводимых властью. Количество погромов подсчитать не представляется возможным. Количество их, огромно. Беззакония, грабежи и убийства иудеев зачастую провоцировалось властью, выставлявших иудеев виновниками всего негативного, что происходило в той или иной стране.

Причин для возмущений, всегда было более чем достаточно, а вот понять, почему именно по отношению ко всем иудеям, это происходило в течении 2000 лет. В чём настоящая причина столь ярой неприязни, а подчас и ненависти к иудейскому народу°

Причины ненависти

Главной и основной причиной ненависти к иудеям мне представляется религиозная нетерпимость. Христианство и мусульманство базировавшиеся на основе иудаизма, всегда испытыли дискомфорт от упрямо отстаивающих свои религиозные убеждения иудеев, несмотря на грозящие кары, а зачастую и угрозы самого существования. Сама двусмысленность ситуативного противостояния, с одной стороны вера, базирующаяся на иудейских постулатах, заложенных в Библии, а с другой этот самый народ, самим своим существованием напоминавший о первородстве и подрывающий основы новой веры, своим неприятием новых пророков. Раннее христианство и церковь крайне нетерпимо относилось к любому инакомыслию, считая его еретическим и подлежащем искоренению любыми способами. Созданная Римско-католической церковью Святая инквизиция — общее название учреждений, предназначенных для борьбы с ересью, просуществовала 650 лет. Наиболее жестоким наказанием за ересь было сожжение на костре.

Сюда же надо отнести три основные ошибки, которые иным историками представляются связанными с тупым упрямством иудеев. Неприятие иных взглядов, провозглашение избранности данного народа и непоколебимая, фанатичная вера в своего Бога. Иешуа-Христос был отвергнут, и христиане стали непримиримыми гонителями на тысячелетия. Через 600 лет после этого, Магомет предложил иудеям Медины принять его толкование религии, но был отвергнут, и иудеи получили нового, непримиримого гонителя. В XVI веке Мартин Лютер предложил принять иудеям своё видение, но получив отказ, стал ярым ненавистником иудеев. Это с его подачи отношение к иудеям колебались между полным изгнанием иудеев из христианских стран или насильственным крещением. Отношение Лютера к иудеям, принесло последнему сомнительную славу предтечи современного антисемитизма. Его идеи породили нацистскую доктрину, приведшую в XX веке к Катастрофе.

Ни у церкви, тем более у мечети не было сомнений по поводу необходимости искоренения ереси. Иудеи, явные еретики, отрицающие постулаты на которых держится единственно правильная вера, несли несомненную угрозу самому существованию любой религии. Желание уничтожить навсегда подобную угрозу, и лежит в основе разжигания ненависти к иудейскому племени. Клеймо коллективной ответственности иудеев, чёрной (вернее жёлтой) меткой отмечены 2000 лет рассеяния иудеев.

Иудеи шли на изгнание и даже на костер, но не могли поступиться верой в своего всемогущего Бога. Такой фанатизм и упорство могло вызвать у противостоящих фанатиков только непреходящую ненависть и потребность истребить даже семя подобной нации.

Разумеется, не все иудеи могли противостоять подобному ужасу. Страх за семью и сама жестокость наказания заставляли многих принять условия и отказаться от веры отцов. Но даже это не спасало от участи быть наказанными за коллективную вину.

Изгнанные из родной земли, иудеи везде и всегда были пришлыми чужаками. Выделяясь на фоне других народов: внешним видом, одеждой, обычаями, религией, культурой, языком и грамотностью. Чужаков не любили никогда, нигде и побаивались, как всякое непонятное и необъяснимое явление. Их обвиняли и подозревали во всех бедах: природных катаклизмах, эпидемиях, неудачах и непонятных происшествиях. Иудеи, держась особняком, женились и выходили замуж за своих соплеменников. Когда они пытались ассимилироваться среди местного населения, их подозревали в коварстве и ненавидели ещё больше.

Законы стран рассеяния, запрещали иудеям владеть землёй, получать образование, занимать какие-либо заметные должности и ограничивали род занятий. Естественное желание выжить выталкивало иудеев в те сферы деятельности, которым не желало или не могло заниматься местное население. Иудеи занимались ростовщичеством и мелкой торговлей. Христианская религия и мусульманская, также, как и иудейская, запрещает давать деньги под проценты, согласно законам, изложенным в Торе-Библии. Но этот же завет запрещал брать проценты только с представителей своего рода-племени. Естественно, этот постулат, в равной мере относиться и к иудеям.

«…Если деньги будешь давать в долг, Моему народу, бедному с тобой, то не будь ему как ростовщик. Не накладывай на него процента, лихвы…» Это относиться только к соплеменникам. По отношению к другим народам такого запрета нет.

Поскольку в те далёкие времена не существовало банков или кредитных институтов, эту нишу заполнили иудеи. Деньги нужны всем и всегда. Королям и нищим, на праздники и на похороны, при серьёзной покупке или в тяжёлые дни болезней. Разумеется, берёшь чужие, отдаёшь свои. Иудеев ненавидели и проклинали за то, что они наживались за счёт несчастий, попавших в беду других людей. Ничто другое не навлекло на иудеев больше ненависти и трагедий, чем выдача кредитов под проценты. Неплатежеспособные проклинали иудеев, наживавшихся на их несчастьях. Сильные мира сего, не желая отдавать взятые громадные суммы взаймы, просто издавали законы, обвиняющие иудеев во всех смертных грехах, и в очередной раз предписывающие изгнать иудеев из данного государства. Разумеется, с конфискацией всего имущества последних.

Следующей, но не последней «виной» иудеев, занятия международной торговлей, извлекая при этом значительную прибыль. Помимо практически всеобщей грамотности иудейского племени, (обязательное изучение Торы) они, мигрируя в различные страны, были вынуждены изучать различные языки. Связанные семейными и религиозными узами со своими соплеменниками в большинстве стран, известных в то время, они могли оценить и осуществить возможности взаимовыгодной международной торговли. Если говорить о выгоде обмена валют разных стран, то мы можем судить об этом по Новому Завету. Иешуа-Иисус разогнал менял на ступенях Храма, переворачивая столы с различными монетами.

Отношение общества к иудеям, занимающимся ростовщичеством, просто воспринимается из пьесы Шекспира, Венецианский Купец. Шейлок, пытающийся отомстить обидчику за поругание дочери, становиться синонимом мерзкого, алчного иудея, требующий чужую жизнь за неуплату долга.

Вечные мигранты, изгоняемые из различных стран, иудеи пытались приспособиться на новом месте, в новой среде. Ограниченные в правах, местах проживания, возможности учиться и занимать какие-нибудь заметные должности, иудеи вынуждены были быть более образованными и талантливыми, чем местное население. Они становились учёными, деятелями культуры, писателями и музыкантами. Нет области, в которой бы иудеи не оставили значительный след. Они должны были быть лучше всех, чтоб получить право на нормальную жизнь.

Иногда они могли прожить в новой для них стране долгие годы. А бывало и несколько столетий. Но наступал момент, когда ненависть выплёскивалась наружу. Власть предержащим нужно было отвести гнев народа от истинных виновников проблем в стране. Иудеи были самой подходящей бесправной частью населения. И очень удобной, проверенной на практике, жертвой бесчинств, грабежей и убийств.

Столь негативное отношение к иудеям естественно вменялось в вину самим иудеям. Среди многочисленных отторгающих черт присущих иудеям, чаще других выдвигались: непомерная гордыня (избранный народ), кастовая замкнутость, жадность, презрение к окружающим, хитрость, подлость и даже плохой запах. Сюда же можно отнести «Дело Дрейфуса», «Протоколы

Сионских Мудрецов», «Кровавый навет», слухи об использование крови христианских младенцев, для замеса Пасхальной мацы. Все эти наветы и двухтысячелетняя ненависть вылились в 20 веке в невиданную на земле животную потребность уничтожения целого народа. Масштаб и способы уничтожения, превосходят всякий предел жестокости человеческой. Это произошло в Германии, одной из самых цивилизованных стран Европы. Хомо сапиенс превратился не просто в дикое животное, а во что-то такое, потусторонее, чему нет названия на языке человечества.

Как так случилось, что многовековая оболочка цивилизации, так легко соскользнула и вылез звериный оскал дикого животного, обуянного жаждой убийства.

Ненависть, пропагандируемая и внушаемая в течении двух тысяч лет, не могла вдруг исчезнуть. Она вспыхивала время от времени в различных частях мира. Толпа, погромив и уничтожив какую-то часть ненавистного племени, успокаивалась, как дикий зверь, напившийся крови и упокоившийся при виде растерзанной жертвы. Новый вождь германского племени, параноидальный Гитлер, взывал к древним инстинктам уничтожения врагов, принимая на себя всю ответственность. На этот раз речь шла уже не о наказании, а о тотальном уничтожении нации, иудейского народа. Ну как например, об уничтожении саранчи или источнике заражения, грозившего арийской расе ужасающими последствиями. В 20 веке истребление 6 000 000 миллионов людей, промышленным способом, получая побочную прибыль: бесплатных рабов, подопытных гуманоидов при «медицинских» опытах, кожу для абажуров, волосы для матрасов, оставшийся от сжигания тел пепел, для удобрений, бесплатное имущество, вещи, произведения искусства...

Древние ассирийцы, персы и те же римляне убивали врагов в бою. Побеждённых уводили в плен. У последних был шанс стать свободными.

Только внушаемая, поколению за поколением ненависть, смогла так легко и просто превратить современного воспитанного человека, в вурдалака, жаждущего крови.

Такое нельзя ни забыть, ни простить. Амен.

Безусловно среди христианских иерархов и священнослужителей было множество истинных толерантных и глубоко верующих людей. Даже в тёмные времена Средневековья находились люди, искренне сострадавшие несчастным, попавшим в жернова нетерпимости к инакомыслящим. Но было то, что было. Враги святой веры, должны были понести наказание.

Современная христианская религия призывает к толерантности и признанию ошибок церкви, по отношению к другим религиям. Такая гуманность и призыв к всепрощению и покаянию, не может не принести нравственных плодов человеческой расе. Сколько времени понадобиться человечеству для всеобщего примирения и забвения ужасов религиозной нетерпимости, не может предсказать никто. Тем более, что есть и поныне существующие религии, призывающие к уничтожению тех, кто не разделяет их верований. И иудеи относятся к тем, кто подлежит истреблению в первую очередь.

Земля Обетованная

www.ingramcontent.com/pod-product-compliance
Lightning Source LLC
Chambersburg PA
CBHW052021070526
44584CB00016B/1852